大展好書 好書大展

U0100593

5

實用女性學講座

女性
婚前必修

小野十傳／著
蔡媛惠／譯

大展出版社有限公司

前言

女性們請覺醒吧！

身為女性的妳，擁有決定結婚選擇權的時代來臨了！

以前那種重視「家庭」，由父母親決定嫁娶的封建時代已成往例，現代則是由女性完全掌握結婚決定權，「家」與「國」已經撤除了框框，自由的妳可以自由的選擇說「YES」或「NO」。

儘管如此，卻仍有許多女性被結婚二字所支配。

究竟為什麼呢？

無論嚮往結婚的女性，或選擇事業重於結婚的女性，多少都對結婚二字懷抱特別的情感，同時也常有望洋興歎之感。

相信妳一定和朋友談論過關於戀愛或結婚的煩惱吧！或者妳曾告訴過妳的父母、老師，或是曾經找過諮商人員、算命師來預卜妳的婚姻或戀愛吧！

但是，結果如何呢？

有人給過令妳滿意的答案嗎？

相信他們所能給妳的不過是些無關痛癢的回答吧！例如：

「只要妳自己覺得好就可以了呀！」

「有煩惱是正常的，人有了煩惱才會成長。」

「個性不是問題，問題在於妳的想法。」

此外，妳也可能經常想從許多書籍中找到可解答妳的困惑的文章，但是書上盡寫些令人感動的戀愛故事，卻找不到一篇文章可以告訴妳如何由痛苦中解放。

他們並非故意隱瞞，不告訴妳一些特效藥，無論是朋友、父母、老師及大多數的書籍，都沒有惡意要隱瞞些什麼，因為他們確實是不知道。

沒有任何人知道要如何做才能解除妳的煩惱、要如何做才能讓妳有個滿意的婚姻。

一般人大都將婚姻的幸與不幸歸諸於命運，婚姻幸福的女性會按著胸脯說：「啊！我的運氣真好。」婚姻不幸福的女性也只有流淚說：「我真命苦，遇人不淑啊！」用「命運」這二個落伍的字並不能解釋一切，因為它們隱蔽了愛情的實體。

如果能像科學般，經由人們的經驗、努力、成果的累積來發展一套判別愛情的方法，那該是多麼方便的事，那麼就再也沒有煩惱、不安或膽怯了。

在見到對方的瞬間，假如能有一種科學的電流一閃而過，讓妳能判定這個人究竟能帶給自己幸福，或令妳悲傷，究竟是能一起歡喜過一生的對象，或只是辛苦勞碌的連續，那麼就不會有任何的迷惘了吧！

但是，現實的愛是科學無法涉及的領域，是最原始的地方，儘管女性手握結婚的選擇權、決定權，在這錯綜複雜的森林中迷路是理所當然之事，只能在沒有路標的黑暗中徬徨摸索前進。

我先前曾接觸過許多不安、迷惑的女性，因此發展出一套信號，可稱之為指引結婚的法則。本書將為女性解說這套信號，希望它們能如同閃耀的星星般，照亮黑暗的愛情道路。

在妳閱讀的過程中，可能會碰到一些無法接受的項目，當碰到這些項目時，它們應該就是妳最大的問題，一定要好好的審核一番。相信這些項目會給妳別人從未告訴妳的答案，如果還是有疑問存在，請寫信給我。

這本書將在好幾公里以外的延長線上，為妳準備一道幸福婚姻的紅地毯。

目錄

前　言……三

第一章　結婚最初的選擇

1、由妳主導強烈的「結婚」意願……二六
2、先決定結婚的日子吧！從認識到結婚需要二年時間……二七
3、製造結婚的氣息……二八
4、為了結婚，必要時需捨棄一些東西……二九
5、裝扮柔和的感覺會帶來結婚的好運……三〇
6、別讓經濟理由成為結婚的障礙……三一
7、性生活的協調，左右婚姻的品質……三二
8、結婚顧問只限於幸福的已婚者……三三
9、將前塵往事封箱……三四

10、試著整理必要的謊言與無關痛癢的謊言……三五
11、改變房間環境會帶來新的運道……三六
12、學習社交禮儀，變身為成熟的女性……三七
13、妳知道牙齒是幸福的溫度計嗎？……三八
14、結婚一定要有儀式或喜宴嗎？……三九
15、對於過去、尤其是借款做個清算……四〇
16、妳要了解：沒有一個男人不好色……四一

第二章　戀愛結婚的選擇

17、如何對待男方的父母……四五
18、父母反對的十大理由……四六
19、一旦妳感覺到「就是他」，不妨盡早結婚……四七
20、如果因對方的關係而無法決定婚期，該等到何時呢？……四八
21、他的態度曖昧不明↓他的結婚意志不堅……五〇
22、假使對象有幾個時，不妨優先考慮第一個男朋友……五一
23、妳若感覺對方的家世、學歷不如妳，最好打消結婚念頭……五二

24、與同居人結婚↓一定要先分開之後再結婚……五三
25、逛傢俱店可促進他的結婚意願……五四
26、如何對付結婚拖拖拉拉的男性……五五
27、求婚是男性專利，女性絕不能說出口……五六
28、以老婆大人自居，會令男性離妳而去……五七
29、判定是否因同情而結婚的十大原則……五八
30、清楚領悟：婚姻與事業不可兼得……五九
31、如果對方是外國人——當你們能真正溝通時，也就是分手的時候……六一
32、對方是個同性戀者，該怎麼辦？……六二

第三章　為何相親結婚會比較幸福的選擇

33、查核相親對象的七個關鍵點……六五
34、相親結婚若能掌握知性與理性，便能得到幸福……六六
35、合理的思考令相親成功……六七
36、男性也很冷靜，因此雙方都可以看得很清楚……六九
37、如何預防自己變成夫家使喚的佣人……七〇

38、如果挑剔對方的長相，相親會有圓滿結局……七一
39、相親的好處在於婚後可陸續發現對方的優點……七二
40、期望妳務必了解的「相親決定因素」……七三
41、結婚之後談一場真正的戀愛……七四
42、相親的年齡底限為三十歲……七四
43、給希望改變生活方式的女性之建議……七五
44、條件太好的男性，有必要打探其底細……七六
45、決定結婚時，如何找一位好的算命師……七七

第四章　立即踏上結婚之路的選擇

46、當你們所有的爭端都起因於分開居住時……八一
47、不知不覺中受到男性的影響……八二
48、二十八歲是個拉警報的年齡……八三
49、所謂命運的相逢是指以下五點……八四
50、當他陷入最大危機時，正是你們結婚之時……八五
51、單純的男人是無價之寶……八六

52、何謂將來一定成功的「紅鬼怪人」……八七
53、看穿真正壞蛋的方法……八八
54、結婚表徵的臉色……八九
55、身體有時比心靈更早察覺結婚訊息……九〇
56、懷孕是神的指示……九一

第五章　關於適合結婚、不適合結婚男性的選擇

57、由走路方式來預測男性的未來……九五
58、能否朝氣蓬勃地打招呼呢？……九六
59、能和上司吃同一鍋火鍋的男性，將來會有出息……九七
60、交際應酬時，吃完飯便溜回家的男性不會有出息……九八
61、志向過於清高的男人不會成功……九九
62、與其選擇三流大學畢業生，不如選高中畢業的男性……九九
63、能直視對方的男人終成大器！……一〇一
64、憂喜不形於色的男人不能信賴……一〇二
65、當他說「各付各的吧！」是表示戀情告一段落的證據……一〇三

66、嚴守時間的男人目光短淺……一〇四
67、動不動搬出國外例子的男性不成熟……一〇五
68、總是提當年勇的男人沒有出息……一〇六
69、小氣男人成功的可能性為零……一〇七
70、一天到晚流連於KTV的男性沒有發展性……一〇八
71、有惡意流言的男人正表示他在工作上的能力……一〇九
72、穿著具有品味的男性很聰明……一一〇
73、由開車來看一個男人的未來……一一一
74、過於寶貝車子的男人心智幼稚……一一一
75、搭電車想找座位的男性，不會對妳伸出援手……一一二
76、善於逢迎拍馬屁的男性，通常表裡不一……一一三
77、喜歡演歌的男性通常會走到窮途末路……一一四
78、外遇的用語集……一一五
79、由約會場所來看對方的性格……一一六
80、好色度的判斷……一一七
81、由牙齒看男人……一一八

82、如果要結婚，最好找個稍感傳統守舊的男人……一一九
83、不改其方言口音的男人，是本性非常質樸的人？……一二〇
84、選擇不隨波逐流的男人……一二一
85、不講道理的男人才是體貼的人……一二二
86、腳決定男人的命運……一二三
87、懷孕是測試他的最後手段……一二四
88、鼻翼有黑痣的男性主散財……一二五
89、男人的嘴唇主生活意慾及愛情濃淡……一二六
90、由手掌來判斷個性……一二六
91、要特別小心喜歡運動的人……一二七
92、發生非常事件時可看出男性的金錢觀……一二八
93、由耳朵看男人的體力……一二九
94、對於一口口慢慢啜飲酒的男人，最好趁早死心……一三〇
95、易怒的男人可分二種……一三一
96、由找工作的態度來預測男人……一三二
97、評價擁有自我意識的男性之方法……一三三

98、他若開始作脫毛處理，趕快分手為妙……一三四

第六章 斷然拒絕結婚的選擇

99、一年以上的遠距離戀愛……一三七
100、一旦猶豫時就放棄吧！……一三八
101、當妳開始討厭他的手指時，愛情就將告終……一三八
102、不能和外遇的男人結婚……一三九
103、陷於嫉妒迷陣中的戀情無法修復……一四〇
104、他第二度向妳施暴時，請二話不說的離開……一四一
105、如果他想要婚後與父母同住之時……一四二
106、不與妳共度週末的男人……一四三
107、與大老闆的兒子相親……一四四
108、對方比妳年輕十歲以上……一四五
109、當他提出想回歸大學時代過學生生活時……一四六
110、即使他想聽！也不能對他坦白過去的情史……一四七
111、男人不會與借錢給他的女性結婚……一四八

112、爭奪電視頻道是造成離婚原因的第三位……一四九
113、當他叫錯名字的時候……一四九
114、當他帶你到回轉壽司店用餐時……一五〇
115、很多時候愛無法超越宗教……一五一
116、交往半年，他未曾親過妳……一五三
117、他邀約妳去參加刺激的性交俱樂部時……一五四

第七章　看透男性的謊言

118、當他邀妳去海邊↓他的內心已秘密下了某種決定……一五七
119、他帶妳去的店↓男人的共犯……一五八
120、「請妳當我今天的情人吧……」↓令女性喪失理智的一句話……一六〇
121、調識、離職令女性心靈動搖的技巧……一六一
122、妳是世間少有的奇女子↓謊言！只是欺騙女性的技巧而已……一六二
123、令妳無法說不的說話技巧↓討人喜歡的男性……一六三

第八章　邁向結婚的捷徑

124、結婚之道由晨跑開始……一六七
125、能不能交到男朋友，與容貌無關……一六八
126、當妳開始想瞭解對方時，正是愛情崩壞之時……一六九
127、立即停止！妨礙結婚的三大事項……一七〇
128、由關車門的方式看出她是個美人或是令人不快的人……一七一
129、喜歡孩子的女性通常找不到對象？……一七二
130、攝取促進相逢機會的食物……一七三
131、用點演技來抓住男性的心……一七四
132、吃咖喱飯不會遇見妳的對象……一七五

第九章　依邂逅地點決定結婚與否的選擇

133、月的圓缺可左右相逢的命運……一七九
134、在通勤、通學的電車上相逢，戀情容易有成果……一七九
135、同學間的戀愛，只有百分之一能結合……一八〇
136、辦公室戀情若能保密、便能成功……一八一
137、師生戀在結婚後便會穩定……一八二

138、朋友介紹的戀情，雙親毫無例外會反對……一八三
139、婚姻介紹所介紹的男性大都不成熟……一八四
140、在文化中心邂逅的戀人，通常以悲劇收場……一八六
141、海外旅行所發生的戀情，一〇〇%沒有好下場……一八六
142、在醫院邂逅，出院便會夢醒……一八七
143、與店家的戀情女性先後悔……一八八
144、在餐館的邂逅通常只是短暫的戀情……一八九

第十章　追求幸福的別離的選擇

145、再見能為女性帶來財富……一九三
146、別離並非只是為了追求自己個人的幸福……一九四
147、車站是說再見的最佳地點……一九五
148、分手時不要說一些傷害對方自尊的話……一九六
149、分手時不要遲疑……一九七
150、婚禮的前一刻還有分手的機會……一九八
151、分手時要有經濟作為後盾……一九九

152、為了擁有自主權，錢包中要有現金！……二〇〇
153、分手的話語中不要有回覆的話……二〇一
154、更換電話號碼表明分手的決心……二〇二
155、分手是下定決心改變自己的機會……二〇三
156、決定分手後就不能再有肌膚之親……二〇四
157、為了忘記他必須告訴自己「寬恕他」……二〇五
158、不提分手為上策的情況……二〇六

第十一章 抓住男人心的方法

159、電梯中的一剎那能產生意外的效果……二〇九
160、隔天送禮的心理作戰……二一〇
161、製造屬於二人的秘密……二一一
162、捏造一個不幸的身世……二一一
163、學習一、二道拿手菜，捉住他的胃……二一二
164、男人絕對忘不了被看護的情景……二一三

165、掌握男人的弱點，接聽電話的方法……二一四
166、把寵物託給他看管……二一五
167、高壓式的女性會使男人敬而遠之……二一六
168、稱讚男人的性能力……二一七

第十二章　有男人緣的選擇

169、「嗯」的回答是帶來不幸的毒藥……二二一
170、太時髦的女性讓男人怯步……二二二
171、呼叫器會令他意識到有其他男性的存在……二二三
172、男友太多而不會出現意中人……二二四
173、男性會觀察妳應對老人的態度……二二四
174、才氣洋溢的女性是衆矢之的……二二五
175、妳認為表現肉體魅力是罪惡的嗎？……二二六
176、雙親是姻緣的絆腳石……二二七
177、只與年紀大者交往容易造成晚婚……二二八
178、迷信算命的女性缺乏緣分……二二九

179、不以處女為恥……二三〇
180、男人很在意女性的體臭……二三一

第十三章 改變妳命運的選擇

181、如果妳不能生育……二三五
182、如果妳是獨生女，就要大膽地決定……二三六
183、不要因為小孩而成為妳再婚的絆腳石……二三七
184、如果妳是歷盡風霜的女性……二三七
186、身體的殘障不是結婚的阻礙……二三八
186、結婚時，有時需作殘酷的決定……二三九
187、相信他……二四〇

第十四章 製造幫夫運的作法

188、開發男人沉睡中的能力……二四三
189、不要為他做便當讓他在外用午餐……二四四
190、告訴他妳有幫夫運的同時他就踏出成功的第一步……二四五

191、手編的毛衣使他遠離好運……二四六
192、拒絕他在十點鐘以前回家……二四六
193、他一回來時要趕快關掉電視……二四七
194、對他的工作不給予任何意見……二四八
195、對於先生的異常決定要給予支持……二四九
196、他調職時的選擇……二五〇
197、年節送禮要投上司妻子所好……二五二
198、有幫夫運的女性不會外出工作……二五三
199、不拆穿男人的謊言……二五四

第一章

結婚最初的選擇

在妳作下結婚最初的十六項選擇之前，我想致贈妳一則小故事。

這是個關於結婚戒指與貧窮作曲家的故事。

在我的家鄉有個池塘，池塘邊有個小山丘，爬上山丘的階梯，上面有座俄羅斯正教會的白色教堂，四面有非常通風的走廊，常可聽到呼呼作響的風聲。

住在這裡的多尼艾普爾神父，告訴我以下這個故事。

有一個青年及一位美麗的新娘在這個教堂舉行結婚典禮，青年是個銀行職員，經過多年工作存夠了錢，買了一個鑽石戒指送給新娘。

他對新娘說：「這個戒指鑲著我對妳所有的愛。」

穿著燕尾服的青年，將這個結婚戒指套在穿著純白嫁裳的新娘的纖細手指上。

風琴響起，演奏著結婚進行曲，觀禮來賓看著這幕的進行莫不動容。

這時在窗外，有一位默默無聞的作曲家與他的戀人。

青年作曲家看見這幕光景，不禁悲傷的對戀人說：

「我沒有什麼東西可以送給妳，雖然我是如此的愛著妳……」

但戀人小鳥依人的對他說：

「你就送歌給我吧！百年之後我仍會想起你送給我的歌。」

當時我還是個小學生，多尼艾普爾神父為何會告訴我這個故事，他究竟想傳達些什麼！我完全不知道。

那時，我的姑姑因婚姻失敗而寄住在我家，她整天就盯著聖經看，而聖經當時在我家是被禁止的。

我知道那本聖經就是她出嫁之前，在池塘裡划船時放在膝上的聖經。

而那天划船的人正是多尼艾普爾神父。

船槳每划動一下，陽光便在池面的波紋上反射跳動著，我回頭看到打把傘的姑姑笑得好燦爛的坐在那兒，但在笑容燦爛的面頰上，我也同時看到了淚光。

現在我再回想起多尼艾普爾神父所說的故事，仍然分不清哪一個才是真正的愛，但若問我哪一個婚姻幸福，那麼答案則很清楚。

對於妳的決定，我沒有插口的餘地。

不過，最初的選擇卻是決定未來的第一步，最初的第一步決定了妳無法回頭的道路。而我只能在路旁為妳點燈，只有妳能選擇幸福。

1、由妳主導強烈的「結婚」意願

結婚最初的選擇，來自於妳的自覺。

不管是清楚知道，或是根本不知道，正是在於這份自覺。

如果妳認為有對象是結婚最初的成立條件，那麼妳離幸福的婚姻還有相當遙遠之距離，結婚是一種與戀愛似是而非的東西。

無論妳現在是否有一段剪不斷、理還亂的戀愛，或是妳有一個沒有他就感覺孤獨寂寞的對象，只要妳不下定決心，那麼妳永遠都無法結婚。

首先，妳不妨自己去試穿結婚禮服吧！把頭髮往上梳個髻、作個深呼吸，朝向天花板大聲地對自己宣佈：

「要結婚、結婚，我決定要結婚！」

下了如此的決定，結婚之門才會為妳而開。

所有的一切都是由這裡才開始出發。

出發吧！從妳堅定的自覺及姿態開始。

2、先決定結婚的日子吧！從認識到結婚需要二年時間

一旦妳決定要結婚，第二個步驟便是選個結婚的日子。

許多錯過結婚的女性，其實是忘了圈選結婚日期這項動作，當妳東挑西揀時，不知不覺便錯過適婚年齡。

這種例子經常發生於有許多男性追求的美女身上。

妳不能再犯如此的過錯，因此請先決定結婚的日期。不只是模糊的決定二年，而且要確切的決定是哪一年、哪一月、哪一日。

提供一個參考數據，由相識到結婚平均需要二年的時間，由訂婚到舉行結婚典禮，大約需要四個月至半年。

現在就在筆記本上寫下確定的日期吧！如此才能使心情與行動合而為一，身心都會散發出一股走向結婚的氣息。

3、製造結婚的氣息

活著的人和死去的人最大之不同，就在於氣息之流動，即使是失去意識的重病患者，只要他還活著，便能從表情上讀到一些生命的氣息。

結婚也一樣，接近婚期的女性，體內自然而然會散發出祥瑞之氣，當此氣息洋溢四散時，不久之後自然會有命運的男性出現。這種氣息是耳朵聽不到、鼻子聞不到的一種感覺。

就請妳製造出這種感覺吧！

要怎麼做呢？非常簡單，卻也十分困難。

因為它就在妳的日常生活之中，就妳正常的吃飯、睡覺般的自然、規律。

「真是無聊、愚蠢！沒有意義。」

如果妳這麼認為，妳離結婚還有一段距離，因為啃著炸雞、喝著酒、沈溺於剎那間快樂的妳，尚無法散發出那股氣息。

唯有平凡、規則、正常的生活，才會有結婚的氣息。

＊結婚時機的到來與否與朋友有關

有個下雪的星期天，有位小姐來訪。當她看到香碗豆時，問道：「這是人造花嗎？」我並未回答，而只說：「妳應該換朋友較適當。」當一個人沒有應有的審美觀時，表示這人結婚的時機尚未到來，原因很多，這和她交往的朋友也有關。

4、為了結婚，必要時需捨棄一些東西

妳對於結婚是否有些海市蜃樓般不切實際的期望呢？妳會認為結婚之後能像變個人般的生活嗎？或者一味描繪著美麗的幻夢？如果如此，相信妳會換來空虛後的失望。

現在，妳的面前有無限可能性。

或許會出現許多男性，或許妳仍可以在工作上發揮所長，只要有心便可能把握任何機會。

但是，結婚卻會讓妳背叛了這一切的可能性，因此結婚典禮上的淚水，或許便是為放棄自己的可能性所流之淚吧！

也許妳會說，不是也有許多女性在結婚之後仍然工作、生氣蓬勃的過日子嗎？我想妳大概被電視的肥皂劇或愛情小說誤導了吧！在現實的社會中，是不容許已婚女性擾亂既定生活秩序的。

即使結婚後仍持續工作的女性，公司為考慮她們是家庭生活的支柱重心、需固定上下班時間，而會派任一些無關痛癢的工作給她們。

＊他是和我玩玩的嗎？

通常我會反問她：「妳想和他結婚嗎？」從她們瞪視的眼神中，就可以看到否定的答案，進一步問她，為甚麼還不打算結婚。通常會得到的理由，是她有工作，或是她想和其他男士交往看看，目前她只希望談戀愛。但是她卻不希望對以這種心態來與她交往，這麼做是否太任性了呢？

所以女性一旦要結婚，就是必須在衆多男人中選擇一個、在衆多生活方式中選擇一種，放棄一些無謂的抵抗吧！唯有坦然接受這些捨棄，妳才能確保自己有成為好妻子的自信。

5、裝扮柔和的感覺會帶來結婚的好運

妳何不藉由服裝微妙的色彩及材質搭配，帶來結婚的氣息呢？

基本原則有二點：

①避免原色系

②避免堅硬的材質

也就是說，要藉由裝扮使自己由硬質轉變為軟質。

在各個季節中，最能反映出女性美的就是春天，當妳脫下厚重的外套，換上輕爽淡雅的針織衫時，男性的內心也會開始蠢蠢欲動。

也就是說，男性希望由女性身上找到柔和感。

決心要結婚的女性，總讓人覺得她像個大人似的，而最大的轉變就在於裝扮的柔質化。

＊女性的內在變化

有一天，突然渴望自己穿著洋裝，這就表示女性的內在產生了變化，就如同毛毛蟲蛻變成蝴蝶一般，以前穿上美麗的洋裝，備受他人的讚賞，但妳卻渾然不知。現在妳才突然注意到。過去的洋裝已經不合身了。

如果妳也能選擇這種感覺非常柔和的服裝，便可以與結婚的波長產生共鳴。選擇一些符合結婚氣息、粉紅或淡綠色系列的服裝，別擔心看起來是否會太胖。

6、別讓經濟理由成為結婚的障礙

結婚的理由當中，或許經濟因素會成為考量之一。

許多女性認為二人的儲蓄太少，別說舉行結婚典禮，連以後的生活都有問題，把它當作一個正當理由而微笑搖頭拒絕結婚，其實這是錯誤的。

除非到了四十歲以上，否則一般二、三十歲的年輕人，通常都沒有什麽餘裕的金錢。以一個上班族的薪資來看，二、三十歲年輕人的薪資大約都只夠糊口，大家都沒有什麽錢。

因經濟理由而拒絕結婚的人，大概真正的理由都不在於此吧！

結婚典禮的費用不夠，可以向親友借，或標個會也行，如果擔心生活，那是由於妳和別人比較之故，對象只要不是個賭徒，經濟理由應該

＊土風舞會

有些青年男女會在公園舉行露天的結婚儀式，看起來一副幸福洋溢的樣子，而站在後面的卻是一群呆若木雞的親友們。親友們非常擔心妳嫁給了無錢無勢的窮小子，而且他們也反對你們舉行這種露天的結婚儀式，然而你們仍堅持己見。僥幸的是當天沒下雨。

不成為結婚的障礙。

7、性生活的協調，左右婚姻的品質

有人說性生活無法協調的婚姻，一定相當悲慘。

或許妳認為既然都考慮到結婚了，性方面的協調應不成問題才對，如果妳真的這麼認為，就要特別注意囉！

性生活並非指高潮與否，而是要檢視二人的性慾強弱。

假如他的性慾較強，他要求二次也許妳要拒絕一次，或者是反過來他無法滿足妳的要求，那麼儘管愛情生活再充實，婚姻生活仍然會有所遺憾。

性生活是非常重要的愛情表現，有人說它是婚姻的二大支柱之一。我對這種說法不置可否，但聽說有越來越多的夫婦或戀人之間沒有性生活，我認為這樣的關係只能稱作是表面關係、假的夫婦關係，沒有性生活的愛不是真正的愛。

＊交往的目的是不是為了身體？

有一些正值青春期的女孩前來與我諮商，想要了解男友與她交往，是否為了她的身體。她們交往的對象，大都是十餘歲的男孩。青春期的男性有很強的情慾。身心是無法分開的，所以我會要她們相信男友的確深愛著她。另一方面，也有男孩來找我商談，因為他懷疑自己與她交往，只是為了對方的身體而已。

8、結婚顧問只限於幸福的已婚者

關於結婚方面的煩惱，妳會和誰商量呢？朋友或經常去喝杯小酒的酒吧老闆娘？

不管找誰商量，首先妳要判定商談的對象是否是個幸福的人。

如果對方從未談過戀愛，或是個被拋棄的人、或是個離過婚的人、或者是個老姑婆，那麼妳絕對不可找她商量。

因為她們對於不幸已經有先入為主的觀念，雖然她們熟知不幸的道路，但是未必持有通往幸福婚姻的地圖。

而且問題在於她們可能不覺得自己不幸，自以為滿足於工作、剎那間的戀愛、旅行或生活中的樂趣。

看起來是一副非常滿足的樣子，事實上是非常不幸的（至少與妳所看見的幸福絕對相反），並且不幸具有傳染性，如果找她們商量，必定會將妳導向與結婚相反的沙漠地帶。

所以妳若要找人商量結婚的事情，一定要找個擁有幸福婚姻的已婚者。

9、將前塵往事封箱

動搖結婚決定最大的問題之一，就是對於過去戀情的甜蜜回憶。

如果過去的戀情是因二人間的決裂而分手則另當別論，若二人相愛卻遭親友及周圍人的強烈反對，因此兩人不能結合，那麼當妳要決定結婚之前，那段戀愛就可能如亡魂般跟隨著妳。

「雖然我們分離了，但我今生最愛的人仍然是妳。」

＊泛舟是向後划

想要前進，就要把過去置之腦後，所以把以往的電話冊丟進垃圾桶裡吧！我如此建議時，有些女性會說：「但是泛舟時是往後划的啊！」她們會如此反駁。為甚麼在這麼多的交通工具中，她們偏偏聯想到泛舟呢？可想而知，她確實有問題。

正如這段台詞所述，逝去的愛之亡魂會緊跟著妳，妳一直會有個衝動，希望能和前任男友再度相逢。

但是妳不妨認真考慮一下，其實答案呼之欲出，如果過去的男友真對妳有那麼強烈的愛情，無論碰到再大的反對，他也不會捨妳而去。

所以將過去的歷史全部封箱吧！當妳要前進時，只能夠往前看。

10、試著整理必要的謊言與無關痛癢的謊言

結婚之前，妳必須對自己的謊言作一番審視。

請妳捫心自問，是否曾向對方撒謊呢？妳是否怕他討厭妳，而小心翼翼的隱藏一些真實，這些謊言至今尚未露出痕跡。

謊言有自己束縛自己的效果，妳是否說過一些致命的謊言？在妳由戀愛步向結婚的過程中，如何圓謊呢？這是個很大的關鍵。

但是我要在這之前給妳忠告，有關學歷或家族的謊言，妳可以在結婚之前告知對方實情，但是關於男性關係的謊言，妳絕不能向他坦白，這是必要的欺騙，妳一告白，代表著結束，有時太過誠實反而是種罪惡。

在婚嫁之前，請將妳說過的謊言重新整理一遍。

11、改變房間環境會帶來新的運道

妳的房間是否堆滿了無用的裝飾物呢？

一伸出手就摸得到妳所喜歡的書，梳妝檯上擺滿了化妝品，櫥櫃中塞滿數不清的襯衫、內衣、襪子、電視機上的一大堆生活照，鞋子使鞋櫃爆滿，牆壁上貼的海報是否已破了一角呢？

好好的整理一下吧！

書看過一遍通常不會再看第二遍，妳還留著一大堆舊衣服，難道要開二手服裝店不成？已經落伍的皮包，是否可以送給用得著的人？一年前的CD，是否當時失戀所聽的歌曲呢？

握鏡上充滿一道道的刮痕、髮插也已經是非常落伍的東西了，妳難道想將它們留給未來的子孫嗎？誰會喜歡這樣的東西。

一個過於便利的房間會阻礙妳的結婚運道，請整理一下妳的房間吧！毫不猶豫地將舊的、用不著的物品丟到垃圾袋中。

妳應該想：反正我要結婚了，這些東西遲早要丟掉。為結婚找一個自我再生法吧！

12、學習社交禮儀，變身為成熟的女性

社交禮儀總讓人有落伍、制約的感覺，但其實社交禮儀的種類很多，由婚喪喜慶到飲食，甚至明信片的寫法，可以說不勝枚舉，這樣的社交禮儀或許還不曾發生在妳之前的日常生活中吧！

教導一個不知社交禮儀為何物的人，是件非常不自然的事，她會認為既無聊又愚蠢，但是奇怪的是一個人一旦學到某種社交禮儀時，她立刻便會發現。

「以前的我多麼不懂事啊！」

就在這個關鍵之後，她搖身一變為成熟的大人。

因此，學習社交禮儀可謂是蛻變為成熟大人的重要環節，妳越早學習社交禮儀就能越早贏得男人的注目眼光。

妳應該在可能的範圍內儘量去學習，即使只寫一張備忘紙也會出現

＊社交禮儀不只是餐桌禮儀而已

通常我提到社交禮儀時，女性馬上就會聯想到餐桌禮儀，而緊接著說：「餐桌禮儀並不難。」其實並不只是如此而已，妳還必須知道婚喪喜慶等的社交禮儀，要知道何種場合要致贈多少禮金或奠儀。這對女性而言，是非常重要的。

效果，女性一旦學習好社交禮儀，四周追求的男性一定會比妳想像中還要多。

13、妳知道牙齒是幸福的溫度計嗎？

妳對自己的牙齒有自信嗎？可以毫無顧忌地開口大笑嗎？

牙齒的美比高鼻子、大胸脯、甚至雙眼皮都來得重要，是證明你的存在之重要問題。此外，談到結婚，體力對生活是很重要的，而最先得知體力有無的部位，就是牙齒。

牙齒污穢的女性沒有資格結婚，即使有結婚的意圖，通常也無法順利如願。

妳必須是個讓人感覺牙齒很漂亮的女性，這是最重要的一點，即使妳擁有一雙漂亮的眼睛、漂亮的雙腿，都還不夠，只要妳擁有一口笑起來十分漂亮的牙齒，男性通常都無法拒絕妳。

牙齒可謂是幸福的溫度計。擁有漂亮牙齒的女性，只要能一直維持這份美，必定能造就幸福的婚姻。

14、結婚一定要有儀式或喜宴嗎？

許多人認為，只要雙方有愛，又何必在意形式呢？而通常有這些想法的人，又會非常在乎蜜月旅行等形式上的東西。

在此我要奉勸妳，蜜月旅行可以省略，但結婚典禮或喜宴等形式卻絕不能省略。

結婚的確是非常個人性的事，也就是排除他人，過著二人自己的生活，但人畢竟是社會的動物，如果妳無法取得許多人的理解或信賴，婚姻大概無法成功，而舉辦宴會的價值正在於此。

結婚典禮、喜宴是一種將自己個人的喜悅分散給周遭每個人，得到他人祝福的集團式儀式。

即使沒有一個人誠心的祝福妳，但是只要妳願意將自己的幸福與別人分享就足夠了。

其實根本不必擔心，這樣的妳絕對可以得到衆人的祝福，而衆人的祝福及支援，將會點綴妳未來的婚姻道路。

＊要以舉行音樂會一般的結婚儀式感到慚愧

有些女性會因未婚夫希望舉行音樂會的結婚儀式，或是化妝舞會一般的結婚儀式，當作個性化的演出，而前來與我相商。舉行這類的結婚儀式，通常只有當事人得到滿足感而已，而對其他人都是空泛無意義的。由於新郎的躍躍欲試，而使新娘感到不安，其實結婚儀式越簡單越好。

15、對於過去，尤其是借款做個清算

有些人認為用信用卡購物還不起時，只要申請自己破產就可以了，這樣的人絕對不值得信賴。

自己宣佈破產固然可免去還債的義務，但破產這個污點將成為妳人生的記錄，對於結婚造成枷鎖，所以妳無論如何要還清債務。

有些女性背負著債務秘密結婚，她將結婚視為一個逃避的場所，並非由感情來決定結婚與否。這樣的婚姻，分道揚鑣只是早晚的問題，如果妳覺得結婚就可以擺平一切，這種想法實在是太幼稚了。

也許妳會不服氣的說，難道有欠錢就不能結婚嗎？

我給妳的答案是「是的」，絕不能結婚。

或許妳又會打算：

「反正結婚之後我就會還的！」

那麼，妳想想自己是否就把結婚視為手段了呢？

16、妳要了解：沒有一個男人不好色

「為什麼男人就一定要好色呢？我絕對不容許這種事情發生！」

我可以了解妳的心情，但是沒有一個男人不好色。

男人具有非常的好奇心，沒有一個男人不喜歡看裸體畫報，他們想看看穿著整齊的女性脫光了的樣子，他們覺得只是看看又有何妨？

「沒有關係！你拿我當白痴嗎？」

妳也許會這麼想。但這只是男性本能的慾望罷了！

所以妳在結婚之前一定要懂得男人真正的想法，不然妳結婚後一定會大驚小怪，背著包袱回娘家。

即使妳無法理解，但是也一定要知道男人的心態。

如果妳認為妳的他不是個好色的男人，那就錯了，其實他才真是個好色的男人。

＊容許男人花心到何種程度

正常的女性都會要求男人不許花心，但是男人都會有花心的記錄。「男人花心只是一時的虛榮罷了。」只要他能夠回頭，就應該給予適度的原諒。問題是有些女性對於花心與外遇，表現出寬宏大量的樣子，然而這些女性大都在對方花心以前，就已經有了外遇了。

依10大行星算出男女戀愛的方向

【自己星座的算法】

①將下表A的數字，加上出生那一年的1月1日算起，算到生日為止的天數。

②加起來的個位數，就是妳的星座。

出生年	A數	出生年	A數	出生年	A數	出生年	A數
1955	58	1964	45	1973	33	1982	20
1956	3	1965	51	1974	38	1983	25
1957	9	1966	56	1975	43	1984	30
1958	14	1967	1	1976	48	1985	36
1959	19	1968	6	1977	54	1986	41
1960	24	1969	12	1978	59	1987	46
1961	30	1970	17	1979	4	1988	51
1962	35	1971	22	1980	9	1989	57
1963	40	1972	27	1981	15	1990	2

※塗黑部分的是潤年，因此3月1日以後出生者，要特別注意。

（例1）1973年12月3日生

(A數)(1月)(2月)(3月)(4月)(5月)(6月)(7月)(8月)(9月)(10月)(11月)(12月)
33 + 31 + 28 + 31 + 30 + 31 + 30 + 31 + 31 + 30 + 31 + 30 + 3 = 370

→行星0

（例2）1976年12月20日生

(A數)(1月)(2月)(3月)(4月)(5月)(6月)(7月)(8月)(9月)(10月)(11月)(12月)
48 + 31 + 28 + 31 + 30 + 31 + 30 + 31 + 31 + 30 + 31 + 30 + 20 = 303

→行星3

＊判讀在45頁以後的欄內詳述

上表屬東方先天八字算命，為基本的算命術。以生日為算命的重點。請妳看看和他的戀愛性格，作為參考。

第二章　戀愛結婚的選擇

能夠戀愛而結婚的女性，是非常幸福的。

「我們因為彼此相愛而結婚，這是理所當然的事。」

能夠說得如此理直氣壯的女性，真是幸福，但是事實上，兩個相愛的人還是要面對殘酷的現實，如果妳認為彼此相愛就完全沒有問題，這種樂觀可能就是妳落入痛苦深淵的第一步，不可不防。

本章將以戀愛中的妳為對象，一邊檢視妳的愛情、一邊提示一些決定結婚的關鍵。

以男性的觀點來看，也有一些女性是即使你再愛她，也不適合與她結婚的。

對於女性來講，也許妳正陷入熱戀，愛到妳願為他付出一輩子的幸福，但就一定要結婚嗎？這倒未必。

這就是所謂：

「我愛你、愛死你了！但是我不能和你結婚。」

也有些女性乍看並不適合與她結婚，但這個女性說不定就是一心一意準備要結婚的人。

所以對女性而言，男性只分為二種，一種是適合結婚的，一種是不適合結婚的。

在繼續下一頁之前，我希望妳能先將戀愛和結婚分為二件事來看，希望結婚是經過妳冷靜、仔細思考後的選擇。

17、如何對待男方的父母

有時男方的父母會十分難纏，不論妳怎麼努力都要挑毛病。凡是妳認為好的事情，他們總是持反對意見，在他們溫柔和善的笑臉下，其實正冷眼旁觀你們的發展，雙親之所以會有如此表現，大概來自於心愛的兒子將被奪走的悲哀，以及自歎自已不再年輕的悲哀。

這二種悲哀混合之後，就轉變為憎恨的心態。

但對方的父母是你們由戀愛邁向結婚的第一步、絕對無法避免，問題在於如何減輕他們的憎恨。

①完全不需在意雙親的態度，結婚不必他們認可，只要向他們報告即可。

②在父母認可之前一再忍耐，一定要取得父母諒解之後才考慮結婚。

＊行星①的男性

有責任感且開朗的人。在團體中能發揮力量，能出人頭地。很有女人緣，屬於英雄式的人物，也有其脆弱的一面。一旦遭到挫折，很可能會一蹶不振。容易有精神上的煩惱為其弱點（星座的算法請參照42頁）。

③一切都由男友處理。

以上三項妳會選擇那一項呢？聰明的人會選擇③。因為妳並非要與他的父母結婚，所以沒有必要一再卑躬屈膝，但是採取對立姿態也是非常愚蠢的事，因此，最好將這個問題完全交由男方處理。

只要採取不卑不亢、不過問的姿態，將事情全權由男方處理，就能朝結婚的道路邁進了。

18、父母反對的十大理由

有時自己的父母也會反對妳結婚，如果理由是以下五點：

①對方沒有出息。

②對方的血緣關係，例如他是個外國人。

③他的個性難相處。

④他太沒有個性。

⑤年齡差距太大。

妳的雙親很冷靜，畢竟他們很了解結婚的本質，這時妳也應該冷靜下來，再一次考慮要不要結婚。

如果父母提出的理由是以下五點：

①反正就是不喜歡他。

②妳還年輕。

③他的學歷太低。

④不喜歡對方的父母。

⑤夢到不吉的夢兆。

這時，妳可以不顧父母的反對，向他飛奔而去。身為父母的人，一聽到子女要結婚，通常心中會很亂，所以多少會提出反對意見，畢竟他們不一定都是成熟的大人。

19、一旦妳感覺到「就是他」，不妨盡早結婚

愛情和小孩子一樣，幼兒時期的教養關係著一輩子，所以如果在妳和他相遇的瞬間，妳感覺到他就是妳要結婚的那個人，那麽你們的戀愛應該會很順利。但是若戀愛得太久，就會成為永遠的春天，結婚遙遙無

期。

晚一點結婚也許沒有什麼不好，但若是要結婚，還是越早越好。

有人說要再多認識對方一點，這是第三者所說的話，並不適用於妳。有些人相處了十幾年，卻還是不了解對方，這是常有的事，因此不如信賴自己的直覺吧！

另一句，希望冷卻一段時間觀察之後再說，這也不適用於妳，戀愛並非馬達或引擎，戀愛是一種生物，只要是生物，冷卻期都會有反效果，所以在熱戀期結婚是最好的時機。

趕快找一天把他介紹給妳的家人吧！不需要等待他的動向，否則難保這段戀愛會消失無蹤，只要大方地將二人關係公開，結婚的日期便會自動決定。

20、如果因對方的關係而無法決定婚期，該等到何時呢？

有時因對方的關係而無法決定婚期，例如：

＊行星①的女性

是氣質高貴的女性，大家閨秀，落落大方的儀態，非常具有魅力，但是男人總是對她敬而遠之。這星座的女性一旦失戀，就會喪失信心，此為其缺點（請參照42頁）。

---

①他還是個學生

就在他畢業之前結婚吧！否則會太遲了。畢業之後要碰上就業、換工作等問題，也許妳一等就要五、六年。

②他正在準備國家考試

如果對方正在準備國家考試，不妨將婚期訂在考完試之後，不論他錄取與否。

③他正在生病

如果是因為受傷或急病，則不需等待，可以立刻舉行婚禮，但若是得了不治之症，那麼很抱歉，請妳放棄和他結婚的念頭。

④他的兄弟姐妹才剛結婚

他的兄弟姐妹結婚與否和妳的結婚沒有關係，所以不要考慮父母的經濟狀況，還是決定結婚吧！因為如果現在不結婚，也許以後又會橫生枝節。

⑤他還沒有玩夠

他的理由若是如此，也許他並沒有誠意要和妳結婚，不論有任何道理，花花公子永遠是花花公子。

21、他的態度曖昧不明↓他的結婚意志不堅

當妳一心一意想和他結婚，但他的態度卻曖昧不明時，他十之八九沒有要結婚的意願。

如果有疑問，妳不妨試問：

「這個星期天我要去相親！」

也許他聽了只是點頭說了聲「嗯！」

妳再問他：「就這樣？你沒有別的話要說嗎？」

「去不去相親是妳的自由啊！」

假使再追問下去，他可能會回答：

「難道妳只是為了結婚而和我交往嗎？」

當他說出這句話時，也就是你們分手的時候了。

他不但沒有和妳結婚的意願，或許連戀愛都會覺得有壓力而退卻呢！

通常妳和男性交往的過程中，應該可以探知他的心意，只是妳不願意正視這個事實而已。當妳說出不知對方在想什麼時，大概妳已知道對

方的心思不在妳身上了。

22、假使對象有幾個時，不妨優先考慮第一個男朋友

首先，應該以第一個結交的男友為考慮基準。

妳之所以會同時交往幾個男友，大概是由於第一個男友的態度若即若離，妳在自暴自棄之下，想試驗他的用心，因此才去交往其他男友，這種現象尤其常發生在適婚期男女身上。

請以第一個交往的男友為基準，妳可以問自己這個問題：「如果我可以在中一百萬及與男友結婚之間擇一項，我會選擇那一項呢？」

同樣的，對新男友也可以問相同問題，一問之後妳立刻可分出這些男友在妳心目中份量高低。

如果妳問了這個問題，卻仍不知如何選擇，代表妳並非真正愛他們，只是假裝在戀愛而已，至少還沒有愛到要結婚的地步。

＊百貨公司的算命角落

百貨公司中，常會有一些人聚集在一隅。公司裡的休息時間一到，就會有許多女性從業員聚在一起算命。算命師一一說中她們的心事時，她們會驚呼著：「真準啊！」其實最容易算出的是她們的失戀和離職。

23、妳若感覺對方的家世、學歷不如妳，最好打消結婚念頭

如果妳的家世、學歷比對方好，而妳會發生煩惱。其實這只是表面上的煩惱而已，真正的問題根源是妳不信任對方。他真的可靠嗎？和這樣的男人結婚，會不會被別人恥笑？他的氣質實在不高尙，會有種種的不安。

在不安的背後是對他愛情的動搖，開始對自己的選擇不信任，而這些不信任浮上檯面，就是將對方的家世、學歷來當作問題。

妳的內心深處，應該也有著複雜的情緒，在過去也許妳曾有對自己的家世或學歷感到羞恥過吧！

「像我這麼平凡的女孩子……憑什麼能擁有這樣的好運氣呢？」

在優越感的另一面，其實就是自卑感。

這也就是妳不去選擇家世或學歷高於妳的人之原因，妳會避免讓一個條件高於妳的人成為妳的終身伴侶。

事實上，妳希望自己的對象是第一流的人材，期望能擁有不輸給任何人的優越感。

但是妳若真的很在意對方的家世或學歷，這樣的婚姻將註定失敗。

24、與同居人結婚↓一定要先分開之後再結婚

如果想和同居的他結婚，那麼一定要分開之後再談結婚。

分開之後才能結婚的理由如下：

①同居時，他絕對不會下定決心結婚。

②在同居時提出結婚的要求，他會認為妳別有目的，而感覺妳不再可愛了。

③同居與結婚在實質上相同，缺乏結婚的新鮮感。

④同居結婚通常會省略儀式及喜宴，無法接受任何人的祝福。

男性可由同居中獲得滿足，而妳一開始也可能會陶醉於這種新鮮的關係，但是當妳慢慢到達適婚年齡時，就會開始焦急煩惱，焦急些什麼呢？就是關於生孩子的問題。

＊顯赫家世的包袱

有一位女子來訪，她說她家中世世代代都沒有人和上班族結婚的例子，所以當她把男友介紹給雙親時，他們都嚇了一跳，而不斷地在神壇前向祖先道歉。聽她這麼說，我禁不住不客氣地問她：「妳真的喜歡他嗎？」事後我自覺失言了，其實我應該安慰她：「妳可以把希望放在你們的子女身上，好好栽培子女，以興家運。」

同居與結婚的關鍵性不同點，即為生孩子這件事。

和他結婚變成一種理所當然的本能，當他在同居中提出結婚要求時，妳當然會接受，但是妳很難分辨這是否為出自本意的婚姻。因此若你們想要結婚，就請你們先分開吧！否則將會後悔莫及。

25、逛傢俱店可促進他的結婚意願

想將二人的戀愛引向結婚的方向，逛傢俱店是非常有效的手段。

「現在剛好有空……」

邀約他到販賣新婚傢俱的百貨公司，來個婚姻的模擬演練吧！

當你們在聽店員解說時，便自然而然的搭載了一些結婚的積體電路，這種不可思議的催眠效果，可以讓你們成爲一對正式的夫婦。當他在試坐沙發時，或許他心中就會想：「我是否也應該考慮結婚了？」

你們在自然的情況下逛幾回傢俱店之後，他除了看床組之外，還會有興趣看看照明設備之時，便表示他心中已萌發了結婚成家的念頭，假使他又去看窗簾，就百分之百想要結婚囉！

＊海龜的報恩

有一位順利完成結婚心願的女性，帶著禮物回來看我。她說：「你的建議真有效。我聽了你的意見以後，我和他就一起去逛傢俱賣場，而他就在衛浴設備展示場向我求婚的。」真謝謝她帶來了一瓶威士忌酒給我。

這次的休假日不妨改變一下約會地點，到百貨公司去逛逛傢俱吧！

26、如何對付結婚拖拖拉拉的男性

有些男性即使有了可結婚的對象，仍然打算維持戀愛關係，不想馬上結婚。

他們不結婚的理由並非如同女性般，希望找到好的對象，而是不想受到婚姻的束縛，他們滿足二人自由自在、無拘無束的現況。

採取主動的人應該是妳。

「現在不是很好嗎?何必急急忙忙的結婚呢?」

這是男性常掛在嘴邊的拖延話術,但是妳若聽信他的話,或許等個一百年也結不了婚。

但妳也不能因主導權在手,就每天拚命催促著結婚、結婚。

妳可以在一夕之間改變裝扮,甚至連化妝技巧都改變,讓他開始有驚艷之感。同時告訴父母親妳已有了結婚對象,而且去和他的父母親見面。在一週之內完成這一連串動作,這就是所謂突襲的策略,絕不可有所迷惘。

27、求婚是男性專利,女性絕不能說出口

求婚是男性的工作,這是不變的鐵則,妳絕對不可說出求婚的字眼。妳的任務只是讓他說出求婚的字眼而已,無論如何,只要妳說出想和他結婚這字眼,這段婚姻就無法成立了。

妳的所有行動、戰略都必須暗中進行,目的無他,無非為了讓他說出求婚的字眼。絕對要記住,由妳自己提出結婚的要求是最下下策。

首先，必須去除他的安定感，來個超級大地震。

具體的作法是，不要和他商量就直接搬家，或變換髮型，同時早上不再打電話給他，毫無告知就自己去旅行，也就是不斷用一些小把戲來擾亂他的情緒。他的心會因此七上八下，到忍無可忍之時，妳只要說：

「你不了解我！」

或是說：

「我不想再和你見面！」

妳這麼一說，他一定會緊張地抓住妳的手，由喉嚨中迸出：

「我們結婚吧！」

這時妳就可以含笑對他說：

「你該不會騙我吧！」

28、以老婆大人自居，會令男性離妳而去

結婚之前，女性切記不要以老婆大人自居。

不論你們二人多麼親密，即使已經到可以共吃一顆糖果的地步，也

不要幫他打掃房間、洗衣服，也不可以拿起紙巾幫他擦拭唇邊的番茄醬，不要幫他洗堆在水槽裡的碗筷，也不要到超級市場買菜，買蔥、煮好晚餐等他回來吃，不可以幫他拍掉外套上的頭皮屑，更不可以和他的鄰居打招呼，而且有一件事絕對不能做，那就是喊他的母親為「媽媽」。

妳必須守住客人的立場，否則你們無法結婚。男性對老婆的感覺是絕對放心且遲鈍的，剛開始也許會覺得好玩，但是時間一久就會有窒息之感了。

為了反制這種窒息，也許會將他逼去找更有新鮮感的女子，結果最後坐上他的太太寶座的或許竟是別人。

29、判定是否因同情而結婚的十大原則

當妳想與對方結婚之前，妳應該判斷自己是否因為同情而結婚。

如果妳因為同情而決定嫁給他，這將會是個難以彌補的過錯，因為同情心是站在高他一等角度來俯瞰他，對他而言並不公平，而且因同情而結合的婚姻，通常會遭致破滅的命運。為了避免因同情而結婚的危險

＊行星②的男性

溫柔纖細的男性，必須要得到強力的後盾。如果沒有專業資格或良好的背景作為支持，便會庸庸碌碌終其一生。要記住不要被猜疑與嫉妒心毀了自己。容易受複雜的性所支配為其缺點（星座的算法請參照42頁）。

，以下有十個判定原則，希望妳能冷靜地查核一下。

①失戀者。
②失業者。
③他嚴重受傷或不斷生大病。
④因意外而失去家人的孤獨者。
⑤與太太分手，自己獨立撫養孩子。
⑥老年的鰥夫。
⑦長得很醜，仍是處男。
⑧諸事不順的倒霉鬼。
⑨有前科的人。
⑩負債累累的人。

30、清楚領悟：婚姻與事業不可兼得

如果妳結婚後仍然想繼續工作，請不要結婚！

如果對方允許妳結婚後繼續工作，甚至懇求妳繼續工作，也許這段

婚姻馬上就會出現破綻了，因為這表示他沒有生活能力，男性必須有一種心態，那就是希望妻子結婚後就辭去工作。

假使妳無論如何都想繼續工作，請不要生小孩，妳至少應有如此的體認，否則，倘若哪一天他有了外遇，妳也沒有抱怨的權利，因為沒有人可以兼顧妻子、母親與工作三件職務。或許妳會提出反論：

「但是，○○女政治家她不是也……，○○女設計師不是也……。」

但妳曾經直接接觸這些女人嗎？報章雜誌的報導真的能相信嗎？她們為工作而犧牲家庭的程度，妳應該不曉得吧！

妳是否認為妳的工作比妳的丈夫重要？這是錯誤的，代表著妳對婚姻並沒有太大的信心，在結婚之後，習慣新的生活方式之後，我想妳應會立刻辭掉工作吧！

31、如果對方是外國人——當你們能真正溝通時，也就是分手的時候

目前一般女性都認為外國男人都非常親切，而且溫柔。

我並非想否定他們，而且要告訴妳，若是對國際婚姻有太大的期望，通常都會失望，國人較為封建，而外國人是開放且自由的，所以在決定時絕不可輕率而為。生長的環境不同，食物及語言也都不同，再加上封建觀念與自由觀念的差異，結婚之後一定會碰到許多適應上的問題。

外國人看來親切、溫柔，並不一定都是發自於內心，這就像我們對任何人都會恭敬有禮一般，都只是禮儀上的慣例而已。

只要二人相愛，也許不需言語便能維持，但是當二人而要溝通意見時，大多數的關係都會崩壞。

告訴妳一個例子。有一位和外國男性相戀的女子，在和他分手之後，竟然可以把他忘得一乾二淨，道理何在呢？真是不可思議。

32、對方是個同性戀者，該怎麼辦？

這是近來增加的問題。

姑且不論同性戀是正常或者異常，但目前的社會尚無法認可同性戀，所以有許多同性戀者為減少蔑視與攻擊，會利用與女性結婚為幌子來

＊與東方男子結婚的苦處

正如我所算的結果，許多與東方男人結婚的女性，事後總是後悔不已。她們都會表示，自己是真心的喜歡對方，深愛著對方。但是婚姻中最大的問題是親屬關係。婚後不久，先生家的八兄弟自國外前來寄宿，而增加了她們的困擾。

隱藏同性戀的事實。

還有另一種特質的男性，他們雖然愛女性，但同時無法克制和男性約會的慾望。或許妳會直接問他：

「你愛的究竟是我，或是你的男朋友？」

這對同性戀而言是相當困難的問題，他自己本身也不能很清楚明快的劃分出來。但是有許多同性戀者是把女性的愛情當作友情，而心中真正所愛的是另一個他。

同性戀者也應該清楚自己的需求，他應該清楚知道自己所愛的是誰。也許有人認為，妳的男朋友的他認同妳，也認同妳和男友的親密關係，因此絕不會來破壞妳的家庭。

但是，有一點要特別清楚說明一下。

同性戀若能找到肯與他結婚的對象，便會相當珍惜她，因為想找到另一個對象是相當困難的事，但這也是同性戀愛情最脆弱之處。

如果妳認為他是同性戀也無所謂，願意和他結婚，也許妳是個新時代先驅者，那就和他結婚試試看吧！

＊我的他不是男人

這種情況有急速增加的趨勢，由職業別來看，以律師、市政府的職員，以及小學老師較多，而即使在她們前來諮商時，手提電話仍不斷響起。她們擔心的是，是否會有男性可以不計前嫌地與她結婚呢？我會要她們放心，因為這樣的男性很多。

第三章

爲何相親結婚會比較幸福的選擇

妳從少女時代開始，對結婚所懷抱的夢想應該不是相親結婚吧！妳大概希望遇見一位白馬王子，燃起愛的火花，最後結婚過著幸福的一生，以此為第一志願吧！

由此意義看來，相親結婚好似一個夢碎女性的促銷方式一般。

「相親也沒有關係，只要能結婚就好！」

「想要結婚也只有相親一途了！」

「像我這樣的人，只好相親了！」

看起來相親結婚，好像是缺乏魅力女性專用的標籤。

但是相親結婚的女性比戀愛結婚的女性，更大多數能過著幸福快樂的生活，這是為什麼呢？

妳不妨去參加中學或高中時期的同學會，把相親結婚和戀愛結婚的女同學作個比較。

通常快樂的少婦都是相親結婚較多。

與轟轟烈烈戀愛而結婚的女性比較起來，相親結婚的女性反而能過著更踏實的婚姻生活。

相親結婚大都是透過知性與理性的考量之後所作的選擇。經過考慮高生活水準、適度的愛情、確切的將來設計，而冷靜選擇出的理想婚姻，比較可能維持婚姻的熱情。

看完本章之後，妳不妨也考慮一下相親結婚吧！

33、查核相親對象的七個關鍵點

相親與考試選填志願非常類似。

當妳將對方所有優點的資料攤在面前時，其實也很難決定他究竟是否真正適合妳，這時就只好仰賴命運的決定了！

但是，這裡提出幾點判斷相親對象的方法。

①太過大男人主義的男性，其實內心是自卑感作祟比較陰陽怪氣。

②喜歡旅行的男性缺乏協調性，如果是個公司職員則很難出頭。但他若是喜歡在國內旅行，則會很有人緣，而登山者則很溫柔且通常表裡如一。

③喝茶時以舌頭舐唇的男性，通常會因酒導致大失敗。

④看著妳說話而不會轉移視線的男性，比較容易誇大其辭，但由某

＊占卦活動

有一次為女學生算命，占卜她們會戀愛結婚或相親結婚。當我告訴一些女性，她們會是相親結婚的時候，她們竟然因而痛哭失聲。於是我再次重新占卦，但是重新算出的結果，她終究會因捲入婚外情而成為第三者，最後不得不以相親收場，只是我不知道該如何啟齒。

種程度看來也較容易成功。

⑤熱衷於報紙小道新聞的男性，是平凡庸碌的人。他對待女性的態度，會因女性本身而有很大不同。

⑥當他開始和妳聊高爾夫球等話題時，表示他對你很有好感。

⑦吃飯時一直埋首於盤中的男性，會比起妳來更尊重母親的意見。

34、相親結婚若能掌握知性與理性，便能得到幸福

相親與戀愛無法放在同一天秤上來衡量。

有些女性認為相親結婚令她有自卑感，因此不稱之為相親結婚，而稱為相親戀愛，但是妳若想得到相親結婚的好處，又想同時體驗戀愛，那不是太貪心了嗎？

相親成功之後，結果就是要結婚，結婚之後二人還是要面對裸裎相處的關係，當然此時是需要愛情的，但是不等於戀愛。

不過，妳不必因此而對相親結婚有自卑感，如果妳有自卑感，就無法看清楚相親的對象。

相親結婚的目的主要是以冷靜的態度看清對方，若勉強將戀愛帶入其中，可能妳會對相親的對象有所不滿也不願去正視它，對於往後的發展會產生相當大問題。

相親其實也是一種「交易」，雙方依據手中的籌碼，選擇能達到最高幸福的妥協點，這是一種無情的交易行為。

戀愛結婚可能會完全無視對方的缺點，只因有愛而結婚，與相親結婚是兩個相異次元的行為，妳最好能有明確的區別。

35、合理的思考令相親成功

相親結婚的人，通常分為以下三種型態：

①沒有追求者的女性。

②有過去記錄的女性。

③合理主義者。

其中以③的合理主義者獲得幸福之機率較高，這樣的女性能將戀愛與結婚作明顯的區別，她了解結婚除了愛情之外，社會性及經濟性的條

件也相當重要。

第②型女性自己無法判定男性的好壞，而第①型的女性則很悲哀。

但是，即使妳是第①或第②型的女性，也不要自怨自艾，應該朝第③型轉變才對，把婚姻當作金錢交易來計算也無妨。

經常在結婚會場有女性說：

「終於有人要我了！真鬆了一口氣。」

相親結婚並非大掃除，而妳也不是要被處理掉的垃圾，所以不要認為「既然他肯娶我，我還有什麼可奢求的呢？」

也不要因為對戀愛結婚死心，就自暴自棄地將自己廉價出售。應該確認自己手中握有的籌碼，好好地談出一段幸福婚姻，相信會比戀愛結婚要幸運得多。

36、男性也很冷靜，因此雙方都可以看得很清楚

男性在相親時，並非追求一個完美的女性，他不是在尋找一個深愛的女性，而是在尋求一個坐上妻子寶座的人選。

不過，不見得他就要另外找一位深愛的女性。

常常在電視劇中看見很會打如意算盤的相親男性，但是實際上並非如此，會去相親的男性通常都很保守。

由於他們對女性缺乏強迫的手腕，因此常會功敗垂成，但是一旦他們真正想做一件事時，就會做得很徹底。

在社會上，已經結婚的男性工作較易受到信賴，因此有許多男性是為了立業而成家。

＊男士前來詢問我：「相親結婚沒問題嗎？」

我反問他為什麼要問這種問題，他說：「因為我在做生意。」原來他並非為了愛情而結婚，而只是想要找一個健康且具有耐力的女人來協助他。我說：「如果你不愛她，女性在很多方面會是很脆弱的。」那時他連聲說：「我愛她，我會愛她的。」我真是為他未來的伴侶感到可悲。

由於男性與女性雙方都以建立幸福的家庭為目標，所以彼此會互相冷靜的觀察，這樣的組合結婚後通常幸福的機率很高。

37、如何預防自己變成夫家使喚的佣人

「就像被騙了一樣，我為何不事先考慮清楚呢？」

有一位剛結婚不久就打包回家的女性說了以上的話，她雖然名為妻子，但簡直就像佣人一樣。

從蜜月旅行回來之後，就要記帳、早晚打掃、看店、整理清潔，不僅如此，還要照顧老年痴呆症的公公，不論洗澡或吃飯都是最後順位。

這種例子聽起來好像只會發生在從前，現在竟然仍存在，實在叫人吃驚，若不馬上離婚豈不是要坐一輩子苦牢嗎？

為防止這種失敗於未然，相親時一定要仔細查核。

①對方是否有姐妹，是否才剛結婚，或預定要結婚？

②對方的家人中是否有病人？

如果以上兩點都有，則這段婚姻將令妳心力交瘁。

＊行星②的女性

是標準的賢妻良母型的女性。嬌媚又優雅，非常適合為人妻，但是不適合從事生意，也不善與人競爭。如果這類型的女性與太多男性有過肉體關係，那麼有可能會一蹶不振（參照42頁）。

38、如果挑剔對方的長相，相親會有圓滿結局

如果一開始就挑剔對方的容貌，通常妳會和這個男人結婚。

尤其是朋友或家人批評他：

「那個人不好吧！腳又短，肚子凸出來，又不會穿衣服！」

「他怎麼會講出那種話來呢？完全不把妳當作一回事，人再好有什麼用？」

「我看算了，長得那麼醜。」

雖然認可他的人品，卻對他的相貌百般挑剔，這代表他們有八〇％贊同的意思。挑剔容貌通常起因於一種複雜的情緒。

通常他們會這麼說，只是為了讓妳的心理感到平衡罷了。

這時，妳應摒息以待對方的追求。

如果妳以前所交往的對象是英俊的都會型男性，那麼與如此土里土氣的男人結婚，反而會為妳帶來幸福。

當他提出結婚要求時，請妳務必答應他。

39、相親的好處在於婚後可陸續發現對方的優點

在妳的內心深處，多少對相親結婚有點排斥吧！

而排斥心理不外乎以下二點：

①我這種人絕不可能戀愛結婚。

②會來相親的男人，大都很無趣。

因此，她們對於結婚並沒有太多的期待。

然而相親結婚的好處，便在結婚後才更了解對方，由於妳原本對他的期望便不高，倘若對方的表現正如同妳的期待，那也只好睜一隻眼、閉一隻眼。反之，若對方有意想不到的優點，那麼妳的心情會有如撿到意外之財般感激。

當然，就對方而言也是一樣，他會慢慢的、一點一滴的了解妳。

因此，在婚姻生活中不妨加點演技吧！例如，改變自己的性格，將以前自己也很討厭的缺點改掉，剛開始即使是演技也無所謂，或者，決定去美容整形如何？

＊挑剔相親的對象

有些女性會拿來她相親對象的相片，以徵求我的意見。她看起來一副挑剔的樣子，而我總是會讚不絕口地誇獎相片中的男性，因為我知道那些女性其實打從心裡希望別人誇讚那位男性。

這種意外的改變絕對能擄獲對方的心，而且也是自我改變的好機會。

40、期望妳務必了解的「相親決定因素」

妳不妨舉出相親時對對方的評核項目。

是否為對方的家世、學歷、職業、年收入、財產、人品呢？妳自己的評核項目完全吻合以上的項目嗎？如果是的話，那麼妳的相親一定會失敗。

為什麼呢？因為妳是在找一個完成品，妳並不是不能去找一個完成品，但是完成品是非常脆弱的。由於他是大公司的重要幹部，於是妳便願意提供妳的一生及肉體作為交換嗎？這是錯誤的想法。

這是個變動的世界，誰都無法掌握明天會變得如何，即使是大企業，也有許多在一夜間崩頹的例子。

在相親時，如何判斷對方是值得妳投資一生的人呢？答案是「對方的潛力」，沒有潛力的男人就不及格，其次再來考慮他的家世及學歷。

41、結婚之後談一場真正的戀愛

相親結婚的女性，在結婚之後有些人準備談一場戀愛，尤其是從未嘗過戀愛滋味的女性，特別希望在婚後體驗甜美的戀愛滋味。

這些戀愛人選大都是孩子的家庭教師、醫院醫師或是與丈夫工作有關係者，而這些人的共同點是長得非常英俊瀟洒。

就像遲開的櫻花怒放一般，一旦有這種機會，她們會忘我地投身其中，令人為她捏一把冷汗。因為結婚，本來封閉的心扉反而對外開放，以結婚為契機，原本相當害怕的火焰，卻如飛蛾撲火般迎身向前。

這時的女性通常會非常陶醉於這段遲來的愛情中。

雖然，大部份的女性會在最後理性考慮下，再度回到丈夫身邊，但這種行為有可怕的後遺症，就是她會定期演出一段飛蛾撲火的劇情。

42、相親的年齡底限為三十歲

男性對於相親女性的要求為人性及健康，由此點看來，他們比女性更重視學歷及家世，範圍更廣闊許多。

但是這僅限於二十幾歲的女性，如果對方可以選擇二十幾歲及三十幾歲的女性，毫無疑問的，他們一定會選擇年輕的女性。

女性過了三十歲之後，就不應仰賴相親結婚了，應該追求戀愛結婚。除了極端美麗的女人之外，女性的魅力在三十歲到四十歲間會有所逆轉，知性會凌駕美貌之上，如果女性過了三十歲之後，不在知性上有所成長，反而一直裝作年輕，那她這一輩子便完蛋了！

知性美及個性美在三十歲以後，就會表露無遺。

有許多在二十幾歲時乏人問津的女性，過了三十歲以後，反而身邊追求者不斷，像這樣的例子很多。

總之，相親有一定的年齡限制。

43、給希望改變生活方式的女性之建議

有些女性希望改變自己的生活方式，這時不妨相親結婚吧！

＊結婚是女性的保障嗎？

在沒有結婚制度的時代，女性到了年老缺乏魅力時，便必須品嘗男性遠離的孤獨滋味。有些書寫結婚使女性得到保障，真的嗎？不論婚姻制度如何，男女魅力的根本都是在於內心，與年齡、美貌沒什麼關係。

會如此感歎的女性，不外乎以下幾種：

①天生就缺乏男人緣的女性。

②遊戲人間過了頭，以至於喪失真愛能力。

③無法自孽緣中逃脫的女性。

④只喜歡不如自己的男性。

⑤曾被近親強暴過的女性。

⑥四周都是惡友的女性。

⑦從來不曾與男性說話的女性。

有以上條件的女性，通常相親結婚會得到幸福。

「這不是利用結婚作為手段嗎？」其實妳不必有如此的罪惡感，相親結婚原本就是一種交易，而且即使是相親，也一樣必須在神前宣誓彼此相愛。

結婚之後再向對方告罪亦無不可呀！

44、條件太好的男性，有必要打探其底細

如果妳相親的對象是個相當英俊的男性，請先不要被他的外表迷惑。條件那麼好的男性，絕對不會去相親，他一定背負著一些問題，或許是他個人的，或許是家庭的問題。

也許他酗酒，或有暴力傾向，欠一屁股債，同性戀、變態、血統有問題（有家族性遺傳疾病）、兄弟姐妹是犯罪者（家中有無業的兄弟姐妹者要注意），因此一定要謹慎的查核才行。如果真的考慮要和他結婚，可以找一家信用可靠的徵信社調查一下，在沒有調查清楚之前，請別高興得太早。

這種人一定會有一些缺陷。

千萬別忘了，最近有越來越多的女性，因為丈夫是虐待幼兒者，精神上的未熟兒，竊盜癖、冷感、欠缺金錢感、放浪形骸等而哭泣後悔。

45、決定結婚時，如何找一位好的算命師

在妳決定相親結婚之前，不妨去找一個好的算命師，參考一下他的看法。

＊算命狂

有些女性為了想要自算命師處尋求自己想要的答案，而到處算命，直到找到一個算命師說中她的心意為止。那時她會說：「你是第一個這麼說的人。」，我要給這些女性的忠告是：「與其把錢浪費在算命上，不如把錢花在化妝品或衣服上。」

但是算命師良莠不齊，一定要個具公信力的人才好。

我不贊成妳抱著遊戲的心態去找百貨公司或街頭的算命師。妳可以運用以下話術，詢問妳所找的算命師（以東洋系統的算命師為限）。

◎對方是否具有責任感呢？

「他的本性如何？」

◎對方是否具備生活能力、會努力賺錢呢？

「財星是否穩定？」

◎對方的人品如何呢？

「他不是火炎土燥、金寒水冷型的人嗎？」

◎今後的運勢如何呢？

「請說明大運。」

◎兩人的個性相合嗎？

「除了合、沖之外，二人的喜神及忌神調和嗎？」

如果算命師對以上的問題都有令妳滿意的答覆，那麼妳就可以依據他的判斷來決定結婚與否。

希望能讓占卜的準確性高時，對方的出生年月日及時辰是必備的。

＊算命師也算命

算命師也來與我商談。她說：「我先生流年不利，所以準備帶我去旅行，但是我非常擔心他目前正被惡靈所纏。」「今年運氣很差，而把工作辭掉了，但是財運好像也不好。」

第四章

立即踏上結婚之路的選擇

有些婚姻可能因為某些理由而必須立刻作決定，也就是一般所謂的閃電結婚。

當妳面臨本章所提出的項目時，也就是妳必須馬上作決定的時候。如果在這時，妳還對結婚躊躇、猶豫、或因種種障礙而放棄，那麼也許妳今後就難再碰上結婚的姻緣了，不僅如此，妳還可能一生都無法逃避婚姻上的傷害。

「那時我為何不下定決心嫁給他呢……」

「為什麼我要聽信別人的話呢……」

「只有他才是最適合我的人啊！那時我究竟怎麼想的呢……」

當妳錯過了那段婚姻，往後的人生也許就會後悔莫及、自嘲興歎。

也許妳迷惑於「適婚期」的結婚年齡，也許妳是被年長者，尤其是父母、老師、僧侶等所抱持的道德觀念所左右妳的決定。

那麼，妳絕對會後悔，畢竟結婚是因人而異的。

即使妳再年輕，但或許錯過了這段姻緣就再也沒有機會結婚了。

當妳碰到以下所述的情形時，毫無疑問的，這時就是妳的適婚年齡。

46、當你們所有的爭端都起因於分開居住時

就像人有年齡一樣，戀愛與結婚也有一定的時期。

果實尚未成熟就摘下，會傷到樹幹，但若果實太熟，也許妳一摘它就爛了，太早或太晚都不行，戀愛也是一樣。

但是戀愛的收穫期究竟在何時呢？每一場戀愛各有不同，它無法如同果實般以肉眼判斷。

有一個判斷的基準就是你們吵架的原因，當妳和他吵架時，請注意觀察吵架的原因何在。

吵架的原因是否每次都相同？就是因為你們二人不住在一起呢？例如，約會時總是有一方遲到？或是電話打不通？因為兩人住的距離太遠而縮短了在一起的時間？如果這些事變成你們吵架的原因，就表示你們已到了結婚時期，這是一種預警，假如錯過這段時間，愛情可能就會腐爛。

＊因愛而想要佔有

有些女性會向我訴苦：「我們都還沒有結婚，他就想要束縛我，讓我覺得喘不過氣來。約會時我稍微遲到了，他就對我大發脾氣。」當時我反問她：「妳會對他吼回去嗎？」她卻說自己是應該要和他結婚了。這的確是非常典型的婚前症候群。

47、不知不覺中受到男性的影響

有些男性長得又英俊、講話又風趣，但妳卻偏偏對他沒什麼感覺，反而有些木訥，話不多的男性，讓妳在不知不覺中受了他很大的影響。

當妳和朋友聊天時，突然想到妳現在所講的這段話是他以前講過的話，不知不覺想到他講話時的笑臉。

這就表示妳在不注意的時候，已受到他的影響。

男性的魅力正在於他的影響力，不一定是能言善道，也許木訥寡言更能發揮影響力。影響力也就是行動力，行動力可表現於動、靜之間，所以無論是靜、是動，妳都可意識到他的存在。

對於有影響力的男性，已經支配了妳的心思，你們之間已經轉變為愛的形式。

尤其當你們對電影或音樂的喜好越來越接近時，毫無疑問是作決斷的時候了。

有影響力的男性當然也會有個缺點，只要妳能包容他的缺點，那麼幸福就是屬於妳的。

48、二十八歲是個拉警報的年齡

女性二十八歲是個轉捩點，也就是即將結束女性花樣年華，進入下一個時期的時候。

如果妳現在二十八歲，有一個交往中的男友，那麼妳不妨將他視為命運之神送給妳的白馬王子。

妳應該好好考慮是否和他開始一段新的生活，不，不應說是好好考慮，因為妳已經沒有太多考慮時間了。

到了這個年齡，原本相當自傲的面貌也開始有陰影，眼角出現令人討厭的小皺紋，盛開的花朵即將邁入凋謝期。

從戀愛到結婚，平均需要二年時間，即使明天妳遇到一個新的對象，順利發展到結婚時，妳也邁入三十大關了。

不論妳是否在工作，當一個二十八歲的女性身邊有一個對象時，盛開花朵都會蠢蠢欲動地要結下果實。

＊所謂有權威的人

提到有權威的人時，大多數人就會聯想起有威嚴，充滿壓迫感的人。但是所謂有權威的人，是健康而能自我控制的人，亦即屬於「靜」的權威者。

49、所謂命運的相逢是指以下五點

通常人都不得抵抗命運，所以常有人說：

「我們的相逢是命中注定……」

但妳若問他何謂命運的安排，他大概也說不出所以然，因為並沒有清楚的定義。

所以命運安排不過是一種願望、一種自我暗示、自我辯護的說法，期望仰賴迷信的一種直覺罷了！

在此我提出以下五點，只要符合任何一點，妳就可以將之視為命運的安排。

①第一次相遇之後，在一個月之內再度偶然相逢。

②妳發現你們知道同一家店、或搭同一班電車、或住在同一個地區、或認識同一個人等共通處。

③你們身體的某一處有共同特徵。

④他的名字中有個字和你認識的朋友或親戚的名字相同。

⑤有相同的地緣關係、同樣是排行老二或老么，或類似的相同處。

＊不一定能與命運中註定的人結婚

有位女性面帶沮喪地來找我，她說：「我遇上了生命中註定的人，但是對方已經有了家室了。」我認為人生相逢自是有緣，能彼此相愛就很好了。婚姻是人與人之間的約束關係，而命運中的相逢卻是一種原始的關係。

50、當他陷入最大危機時，正是你們結婚之時

當對方在工作上面臨降調或解雇等最大危機時，正是女性考慮結婚之時，我的這種說法可能會引起很大的反彈吧！大部份的女性會認為這是種同情心的濫用。

但是我卻認爲在他面臨人生的最大考驗時，正是妳下決定結婚的最好時機。

可惜的是，現實並非如此。

他面對人生的低潮時期，理所當然向妳抱怨或訴說心中的不滿。但是當妳看到他哭泣、軟弱的醜態時，卻會望而生怯，不！應該說妳將他與沒有出息劃上了等號。

這時我希望妳換個角度來想。

「相信我所愛的人，他的逆境正如同蝴蝶脫皮前夕，只是個低潮期罷了！」

如果妳能如此默默支持他，他一定會再度站起來，逆境是男人成功

前必經的關卡。

所以捨棄低潮期的男性，無疑是放掉飛上枝頭做鳳凰的寶貴良機。

51、單純的男人是無價之寶

如果他是個單純而明快的男性，現在妳就可以決定馬上和他結婚。

何謂單純呢？那就是他在本質上具有競爭心理，所謂競爭心理就是對勝利的強烈願望。

男性是由工作中獲得滿足的，一心想出頭，或一心想賺錢，總之就是一心想和自己的命運及實力搏鬥的男性。

視之為人生目的而表裡一致，正是單純的男性，這樣的人才會有出息。

最不好的是既想賺錢又想過著平順安逸的日子，這種矛盾的男性最差勁。

無論他想作大官或賺大錢，只要把目標訂立出來，那他一定會著手去進行。

＊現實的上班族

有位女性來找我，商談是否該和她的男友分手。她的男友在公司裡的表現很好，一再被調升，但是卻因觸怒了開始有了痴呆現象的董事長而被貶職。其實她的臉上已經浮現出分手的決意，而她並非要找我諮商，只是想要確認而已。但是很諷刺的是，她和男友分手以後，他卻和公司盡釋前嫌，又被調升為分公司的副社長。

只要有目的，他就會尋求各種方法去達到目的。

所以妳絕不要迷惑於他的學歷，如果妳希望有個傑出的未來，不妨將期望放在兒子身上，不管學費再高，只要丈夫有出息，一個晚上就可以賺得到。

52、何謂將來一定成功的「紅鬼怪人」

「怪人？什麼是怪人呢？」

就是經常突發奇想的男性。

「是思考獨特的人嗎？」

但是妳要小心，有些假裝是怪人的男性摻雜其中，而妳要找的是真正的怪人。

「太困難了吧！」

真正的怪人有個特徵，那就是具有持久力。他雖然已經大學三年級，但也不忙於選工作，或者他在機會來臨之前可以耐於貧困生活，而且他不關心流行趨勢。

「跟那樣的人能夠結婚嗎？」也許妳會問。

真正的怪人中，有成功的怪人與一生不得志的怪人，那麼請妳選擇紅鬼怪人吧！青鬼則不行，他不是怪人而是狂人。

「越說越不懂了！」也許妳會說。

不！其實妳是懂的。在妳的身邊，其實就有個未達目標絕不停止的，而且笑容可掬，那個人就是紅鬼怪人哦！如果妳不儘快下決心嫁給他，他會被其他女性搶走，他的別名也叫做「天才」。

53、看穿真正壞蛋的方法

真正的壞蛋，是個穿上等服飾的紳士，他看起來很溫柔，明事理，而且樂於當個好聽衆，不經意之間流露出令人望而生畏的神情。

只要符合以下條件的男性，他就是真正的壞蛋。

①耳朵、眼睛、手指、嘴、手臂、屁股、腳、喉結等都異常發達，但鞋子的尺寸卻很小。

②聲音沙啞。

＊積極的男性較容易面對挫折

歷史中的小野篁被流放到穩岐時，比起同樣遭到流放命運的菅原道真和後鳥羽院來說，更能以開朗的心情去面對流放的生活。他在詩中提到：「度過八十島者若不經過中原，就無法欣賞這裡的海女作業的情形。」二年後，他又重返京都了。

③笑臉讓人覺得不是笑得很盡興。
④偶爾會流露出殘忍的目光。
⑤不讓女性付一塊錢。
⑥沒有朋友，即使有也只是一、二個人。
⑦三十五歲以上。

雖然妳明知他是壞蛋，但是除了他之外妳並沒有其他結婚對象。即使如此，妳也不能冒險嫁給他，因為他一定會是破壞家庭和平的人，唯一的方法只有放棄。

妳不可將他視為普通人類，離開他之後不論會過得多麼糟糕，也不會比嫁給他來得差。

54、結婚表徵的臉色

當碰到結婚對象時，女性的肌膚會變得明艷動人，化起妝來非常漂亮，在一群女性中會顯得特別突出，為什麼呢?這表示妳結婚的佳期已近。

不是只有皮膚白的人才好看、皮膚黑就不好看，無論是什麼膚色的女性，都有肌膚展現美麗光輝的時期。

不妨看看妳手指縫的膚色，這正是妳會到達最美膚色的極限，當妳的臉色與指縫顏色非常接近之時，如果不決定結婚，那麼妳一輩子都會十分後悔。

在妳拿出鏡子，自己開始檢視之前，我先提示一些條件。

自我檢視必須在早上化妝之前，如果在生理期或前夜有性行為，則此檢視會失去準確性。

55、身體有時比心靈更早察覺結婚訊息

女性在婚期接近時，會奇妙地變得漂亮起來，臉孔圓潤、連眼瞼都會染上紅光，頭髮也會有變化，妳知道嗎？

雖然不是百分之百，但通常問她都是好事近了。

「妳要結婚了嗎？」

「妳怎麼知道？」

「果然如此！」

但是對與許多男性同時保持關係的女性而言，情況就不一樣了。不小心觀察也許不會發現，但是這樣的女性可能頭髮會部份分叉，乳房會不自覺聳起。

當結婚的對象出現時，這些不可思議的現象便會出現，或許是因為心情的關係，有時也許你們的婚期尚未確定，但是妳的髮質已預先告知了結婚的訊息。

不妨站在鏡子前仔細瞧瞧自己吧！

56、懷孕是神的指示

沒有人能預知自己何時會懷孕。

當妳與他有性行為時，即使已經作了避孕措施，但有時仍會懷孕，這代表的最重要意義，就是告知你們該結婚的訊息。

即使妳只是個十七、十八歲的高中生，但只要是避孕仍然懷孕，都是要直接考慮結婚的時期。當妳得知自己懷孕的瞬間，不決定與他結婚

＊要掌握一生中的每一天

年紀大的女性常常會自付自己年紀大了，而久久不去實現自己心中想要做的事。我會告誡這些女性，對她們說：「明天的妳會比今天更老哦！」鼓勵她們掌握每一天，去做她們想要做的事。

的女性，絕對會後悔，也就是自動放棄了尋求幸福的資格。

再說更清楚一些，墮胎是有傷運勢的事，因此只要母體沒有危險，就一定要把小孩生下來。

我並非要教唆墮胎會產生嬰靈等怪力亂神之事，只不過我認為連自己的小孩都可捨棄的人，怎麼可能善待他的朋友呢？由於自己的冷酷而使得自己的運勢頹敗。當然，沒有任何一個女性會喜歡墮胎。

總之，懷孕是一種神秘的本能，告知妳結婚的要求。

第五章

關於適合結婚、不適合結婚男性的選擇

本章是看穿男性的章節。

「早知道他是這樣的男人，當初就不應嫁給他！」像這樣的抱怨聲，相信妳也常聽到。在日本，每三對夫妻就會有一對如此。

或許妳會不以為然的說：「我的他絕沒有問題，他那麼溫柔，絕對不會有問題的！」但是，也許妳不久之後就要重蹈前人覆轍。

我想妳應該先瞭解一點，男人在結婚前與結婚後會判若兩人。妳唯有先如此心理設防，才能接受他婚後的種種改變，而他婚後會有什麼變化，應該可以由他目前行為的種種蛛絲馬跡看出來。

結婚前為了討妳歡心，他會凡事百般忍耐，但妳千萬別為現在的他所迷惑，妳必須知道真正的他是什麼樣子。

他將來真的有出息嗎？他真的能闖出成功的事業嗎？他是值得依賴的男人嗎？他現在的溫柔是本性嗎？

或許他是個很差勁的男人也不一定，或許他有暴力傾向，或許他從白天就開始飲酒，或許他不能給妳帶來任何幸福，因此在決定結婚之前，妳對他應有一些評斷基準。

現在就讓我們一起來看看妳以前所忽略的部份，重新對他有個評價吧！

57、由走路方式來預測男性的未來

走路抬頭挺胸的人，通常不會只是個小人物。

所謂抬頭挺胸，是走路相當有節奏，就像漫步於叢林中的野生動物一般，看來悠然自得，像這樣走路的男性，大都是成功的男性。

走路與一個人的思考有關，動作能支配其生活方式，走路方式悠然自得的男人，較不易被他人所左右。

仔細觀察一下，妳會發現每個走路的方式千差萬別，各有不同的特性，其至由鞋底摩擦的狀況，都可以看出其人之個性。

鞋跟薄者通常較自滿，鞋跟又斜、又薄者、是屬上班族型的男人，鞋尖變薄者，通常較神經質，較容易拉肚子，鞋跟及鞋尖都變薄的人，屬於思考不穩定型。

他是屬於那一種類型的人呢？

＊行星③的男性

是精力充沛的男性。一生都具有魄力和行動力，不喜歡受到他人的干涉，毫無禁忌。同時對女性深具說服力，而且並不在意自己被甩，是個度量大的男性（星座的算法請參照42頁）。

不管是那一種類型，都不會是太差勁的男人，不是嗎?的確如此，只有連鞋跟磨平了還在穿的男人，才是不建議妳交往的類型。

58、能否朝氣蓬勃地打招呼呢?

能夠隨時隨地與人親切自然地打招呼的男性，可說是成功了一半。由於這是個盛行個人主義的時代，甚至有越來多人在家工作，所以打招呼漸漸變得困難起來。

但是，無論多注重個人隱私，人類的基礎還是在於群體，因此在群體中具有協調性及魄力相當重要。

打招呼是非常重要的事，也許有人會認為老掉牙，但對方可不一定這麼想，尤其是把主動打招呼視為理所當然的人，若不對他這麼做，他會感覺很不高興。

大聲、明朗的對任人打招呼，妳的他是這樣的男性嗎?不妨觀察一下。打招呼也有其學問。

「○○先生，您今天穿的衣服搭配得真好!」

「啊！您剪頭髮了嗎？看起來真清爽。」

這就是典型的招呼方式。

59、能和上司吃同一鍋火鍋的男性，將來會有出息

潔癖型的男性通常在群體中較不易出頭，因為生存在社會中，難免必須忍受別人的口臭及汗味。

最顯著的例子是和上司一起到餐廳去吃飯，卻各自點菜，各自喝酒，問他為什麼呢？他回答「一起吃不太衛生吧！」像這種一起去卻各吃各的情形，讓人看來有幾分怪異。

年紀大的人具有「吃同一鍋飯」的意識，在隨身聽尚未發明的時代，上司與同事吃同一鍋飯是理所當然的事，在冬天常看到一種景象，就是男人們圍著一鍋火鍋，一邊喝酒，一邊聊天。

如果他是個飯前一定要洗手，要擦乾淨所有碗筷才開始進餐的人，那麼他必定會因神經質而引發腸胃毛病的。

而男人的未來，就在於熱氣騰騰的火鍋之中。

60、交際應酬時，吃完飯便溜回家的男性不會有出息

因為他的學歷而煩惱要不要和他結婚是無意義的，可能的話，不如由他的交際手腕來判斷。

他去應酬時會不會一直奉陪到底呢？在尾牙、春酒等聚會時，他會不會陪上司喝到天亮呢？這才是判斷的關鍵。

沒有例外的，有出息的男性絕對會與上司建立私人性的關係，其手腕就在於是否奉陪到底，一般交際應酬到最後都只剩下五、六個人，而通常公司的重要幹部都會在這五、六個人當中。如果他對妳說：

「今天有工作上的應酬，非去不可，但是我吃完飯就會回來，請妳在家裡等我！」

當妳看到這樣的留言時，我建議妳毫不猶豫的掉頭離去。妳不要為他重視妳勝於工作而沾沾自喜。

所謂貧賤夫妻百世哀，難道妳願意苦守寒窯去等一個沒有出息的丈夫嗎？請妳放棄如此的選擇吧！

＊行星③的女性

大都是漂亮的美女。雖然有很多男性憧憬妳那熱力四射的魅力，但是一般的男性卻不敢接近妳。這類型的女性不能吃苦耐勞，雖然外貌姣美但卻缺乏口德，常會與同一類型的男性在一起，所以要多多反省，否則會重蹈覆轍（星座的算法請參照42頁）。

61、志向過於清高的男人不會成功

或許有人看到這樣的標題會持懷疑態度，為什麼呢？因為清高的男人會被自己的假道學所蒙騙，而志向清高其實和權威主義是相結合的。

有些男人說：「我想成為有錢人，我想成為政治人物！」但他又說：「我想成為政治人物，是因為可以拯救貧困的人」或是「為了國家著想」。

乍聽之下志向好像相當清高遠大，但是一個缺乏實力或自主性的人，他經常用清高的大志來迷惑自己，也迷惑別人。

當他大言不慚地說出他的清高志向時，大都只是在言語上欺騙自己，因此等待他的也只有「失敗」一途了。

62、與其選擇三流大學畢業生，不如選高中畢業的男性

＊固執男性的缺點

有一位女性前來找我，與我談到她的男友，當時我對她說：「他的缺點就是太固執。」她一臉的驚訝。接著我又說：「固執的男性明知不可為的事，卻不放棄，甚至會花一輩子的時間追根究柢。」

問題在於，為何明知道那是一所三流大學，卻仍要進入其中呢？

通常這樣的男人是隨波逐流的，為符合世人標準而認為「有一張大學文憑比較好」，或者只是為了提高高中的升學率罷了！有時可能是他害怕立刻進入社會工作，而以大學延後就職時期。

現在進入大學只是為了將來出人頭地，除此之外沒有任何價值存在。但是，三流大學並無法讓人出頭天，這是在進入這所大學之前便了解的事實，結果他還是不由自主地入學就讀，畢業之後讓人貼上「沒有出息」的標籤。

會進入三流大學就讀的男人，頭腦不怎麼靈光，否則他應該能領悟其中的差異。

這個世界對男人而言只有二大途徑，一是工作上出人頭地，一是有錢，無論世界再怎麼複雜，仍是由此二大支柱所構成。

頭腦靈光的男人知道進三流大學無法令自己在工作上有所表現，因此會換個方向思考，而努力去賺錢。

想在工作上有所表現及想賺大錢，兩者不可兼得，所以當知道在工作上無法有傑出表現時，就應轉而積極賺錢，這是基本原則。

很多人會迷惑於不知該追求那一個目標，其實只要自知工作之途不可行，便應消除迷惑，努力賺錢了。

但是一個三流大學的畢業生，明知工作表現的道路不通，卻還是為了無聊的固執而浪費重要的時間。所以，與其選擇一個三流大學出身的男人，還不如選個高中畢業的男人，將來可能有出息一些。

63、能直視對方的男人終成大器

所謂直視並非迎著對方視線、瞪著對方看之意，而是以坦然的眼神由正面看著對方的臉。

不妨觀察一下他與別人交談的樣子。

如果他是個可以直視對方的男性，或許他具有成為大人物的潛在能力。大部份的男性無法正面、坦然的直視對方，多少會取點角度。

或許我們的祖先是狩獵民族之故吧！因此由正面瞪視著別人，恐怕會引起對方的不安感。

但妳要注意的是，能夠以筆直的視線注視別人的男性，通常是具有自信的人，不過他們也很容易因一次挫折而完全喪失信心。

一旦喪失了信心，他就像喪家之犬一般，對任何人都抱持懷疑態度而且欲振乏力，這一點必須特別注意。

64、憂喜不形於色的男人不能信賴

不會顯露真性情的男人不能信賴。

他若是個動不動就流露本性，又吼又罵的男人，那麼他是個值得妳愛的差勁男性。

或許他是個不擅言辭的男人，也或許他是個不經思考就破口大罵，大為失態的男人，或者是當妳說到他的痛處時會恨得牙癢癢的男人，或是個開著電視機，大罵播報員的男人，或是個為了芝麻小事生氣而將水壺砸向電視機的男人

這些男人絕不可能有出息，他絕對會是個人生的落伍者。我自己就是個很好的例子。

但是，這樣的男人卻是值得妳信賴，值得妳愛的人。

如果他是個上班族，妳不必要他辭職，他也不可能長年持續下去，或許在其他領域會有更合適的工作。

65、當他說「各付各的吧！」是表示戀情告一段落的證據

「今天我們各付各的吧！」

當他說出這句話時，請妳最好對這段戀情死心吧！這表示他不再重視你了。男性對一個喜歡的女性，即使要到銀行搶錢，他也不願意她付一毛錢的。

妳不妨回想你們第一次邂逅的情形。

男性提出各付各的要求時，代表著他已不再認同妳存在的價值，而且這種意識非常強烈，甚至比他向妳借錢更為嚴重。

對男性而言，他認為付錢是他的天職，連旅館費用也不希望女性來分擔，因為這關係到男性的面子問題。

男人提出各付各的要求時，你們的戀情也就要告終了。

＊行星④的男性
是標準的理性動物，這類型的男性厭惡不合理的事，非常冷靜，排斥靈異、宗教、算命等事，只接受經科學、醫學證實的理論。即使戀愛也很少感情用事，所以有時候妳並無法確知他否愛妳，是不善言辭者（星座的算法請參照42頁）。

66、嚴守時間的男人目光短淺

妳曾想過一個嚴守時間的男人是個怎麼樣的男人嗎？

千萬不要認為一個遵守正確時間的男人很體貼，因為他是重視計劃更甚於妳的人。

例如，他是為了聽演唱會不遲到，或是為了確保買得到電影票，或為了怕餐廳客滿。真的是「我遵守時間是為了早一刻見到妳」嗎？意外的是，真相往往不是如此。

如果你不相信，不妨試試看，有一天當妳遲到時——

他一定怒氣沖天的對妳說：

「瞧！演唱會已經開始了，現在餐廳也都客滿了！怎麼辦呢？都是因為妳遲到……」

嚴格遵守時間的男性，通常也會強行要求對方遵守。

另一點是嚴格遵守時間的男人通常較注重眼前的快樂，比較不會去規劃長遠以後的事情。

＊不可思議的女性

有一位女性告訴我：「我和他分手了，但是卻感到寂寞。」詢問她分手的理由，她說：「因為他不守約，原先約好一週見一次面，事後他卻要求三天見一次，最後每天都約會，我很討厭他這麼不守約定。」

但是要注意，如果妳遲到一小時以上，他還是笑臉相迎的男性，也可能有問題，或許他的心臟有毛病也不一定哦！

67、動不動搬出國外例子的男性不成熟

嘴上總是掛著國外例子的男性，通常心智不成熟。

這樣的男性常常在挑剔事物。

「這個吉他的弦有問題！」

「這張照片的顏色真差勁！」

他們常常故作聰明，說話喜歡一語驚人。

或者動不動就說：「在外國啊……」，常常將國外的事物與本國事物作比較，活像自己是外國人一般，而且他口中的外國絕不是亞洲、非洲，而是西歐或美國。

這種男人喜歡狐假虎威，喜歡躲在背後放馬後砲，失敗就將過錯推給別人，認為自己在現有的環境中鬱鬱不得志。

他們大都對現實生活表現冷漠，但卻喜歡在看電影時淚流滿面，其

實他們此時所流的淚，只不過為了讓人看到而裝模作樣罷了。

68、總是提當年勇的男人沒有出息

男性有個毛病，就是喜歡對女性吹噓過去的往事，一說起來便沒完沒了，眼淚汪汪，妳是否已聽過好幾次呢？

他所描述的當年，總是常常翹課，但成績卻一等一，而且極受女孩子歡迎。

當妳聽到這些話時，是否一再看著鏡中的自己，然後極度忍耐打哈欠的慾望呢？

對於現在一無是處的男性而言，最拿手的絕對是講述過去事蹟，希望藉著回憶過去來讓妳了解他是多麼優秀，想要將妳釘牢。

但是這些愛提當年勇的人有一個致命問題，就是他的過去也不是什麼了不起的事，而這個過去、現在、未來都不會有什麼出息的男人，只能藉由過去的幻想得到滿足。

＊國際性的女孩

日前還沒有男友的女性來找我，她說：「也許外國人會喜歡我這一類型的女人。」有些女性的確是外國人心目中典型的東方女人，但若沒有內涵，這種逃避的方式是行不通的。

69、小氣男人成功的可能性為零

有些男人每當要付帳時就藉口去洗手間，或是乾脆在櫃台上睡了起來。像這種小氣的男人，即使在其他方面表現得再優秀，妳對他的評價都可一筆勾消。

當他和妳飲酒作樂時，什麼事也沒有，但一旦要付錢時，可能就開始裝睡了。旅館費用由女方支付，電車費由女方代墊，包禮金時疊得四四方方，常常由垃圾箱中揀拾雜誌，即使離目的地很遠也要停在便宜的停車場，而且常常訴苦，說自己缺錢，這類例子不勝枚舉。

最要不得的是連必要花費也捨不得的男性，例如，生病捨不得去看病、只挑便宜的東西吃，必要的參考書只是借來看再拷貝……，像這種凡事錙銖必較的小氣鬼，結果最後倒楣的是自己。

沒有人會喜歡小氣鬼，這是小氣鬼最大的致命傷，而得不到人緣的人生，根本沒有成功的希望。有些男性只要騙得一塊錢也沾沾自喜，和這種人結婚有何樂趣可言？

＊行星④的女性

這類型的女性做事很用心，雖然很羅曼蒂克，但是物慾也很強，不容易發展出戀情來。另一方面，她不太執著，所以經常會成為花花公子的追求對象。與年齡懸殊的男子交往，或發生三角戀情而產生困擾的比例很高。雖然頭腦好，但是卻不善於察顏觀色（參照42頁）。

妳現在交往中的男友是否總是談錢呢？對他而言，妳或許只是個既便宜又方便，可以利用的人罷了。

70、一天到晚流連於KTV的男性沒有發展性

ＫＴＶ可謂是不得志者最方便的發洩場所。

任何人都有不得志的時候，但是並不一定要去ＫＴＶ，為什麼？因為那是個密閉的場所。

我們會和誰一起去ＫＴＶ呢？一定是認識的朋友，既然是朋友，那麼水準應該差不多，和那樣的人一起關在一個密閉的空間幾小時，一起發洩情緒，簡直就是放棄了自己的未來，就和把自己關在廁所一整天的道理相同。

人必須與他人接觸才會得到機會，即使是勉強自己去參加不喜歡的聚會而累積人脈都好，這種人際關係可說是幸運之道也不為過。如果妳的對象是一個整天躲在密閉空間中，一步都踏不出去的人，我想他並不是個適合妳的男性。妳應該再確認一下，他是否是個只能由唱歌的管道

來發洩自己情緒的男性。

71、有惡意流言的男人正表示他在工作上的能力

不能光以流言去評價一個男人。

只有妳自己的眼睛、耳朵及直覺值得相信。

當妳喜歡的男人有一些惡意中傷的流言時，通常這些流言只代表別人的嫉妒而已。

所謂樹大招風，在達到某些人無法達到的成就時，自然會有一些流言附在這些男性身上。

問問周圍批評他的人，不外乎說：

「他雖然工作上很能幹，但在女人方面就不太好了！」

工作能幹是可以由此證明的，至於女人方面如何，就有待妳自己去證明了，通常只是流言而已。

因為他對女人好或不好，只有他的女朋友心知肚明，沒有惡意第三者過問的餘地。

＊行星⑤的男性

這類型的男性責任感很強，善於為女性服務，是天生的男女平等主義者。但是不適合生活在團體中，容易受到孤立。雖然喜歡自由思考，但是對女性的佔有慾卻很強。為人正直，只是有時候會變得很頑固（星座的算法請參照42頁）。

由另一角度看來，也可以看出他是個相當有魅力的男人。

妳的男人有時應該有必要的「惡」，即使是流言也好。

72、穿著具有品味的男性很聰明

男性的穿著品味來自於美的意識，這與一般的規範或常識不同，美的意識是男性的DNA使然，所有的男性都具有美意識，只是程度、資質有所差別。

當然，美的意識可以由服裝品味反映出來，由顏色、素材的選擇到型式取向、穿著方式都可顯現男性的美意識。

這是無法模仿的，和穿有品味的男性在一起，心情會相當愉悅，他在工作上也具有獨創性，和他交往是一件快樂的事。

男性在服裝上的品味與女性追求流行有所區別。

而且男性的裝扮不應以取悅女性為目的。

因此，當名牌西裝沾上污點時，會鐵青著臉跑到洗手間去擦拭的男性，就失去資格了。

73、由開車來看一個男人的未來

妳是否曾坐在車子助手席上，觀察過男性開車的樣子呢？

由一個男人開車時的表現可以觀察出他對權力的滿足如何，當他手握方向盤換個人似的大開快車，就顯現他對權力強烈欲求不滿的證據。

一個開著車就猛吐穢言，橫衝直撞的男人，他在現實生活中必然沒什麼出息，他的精神狀態通常屬於亢奮性的焦躁，他眼中的女性也不過是母親的代替品而已。

具有自信的男性，絕對會非常沈穩地開車。

74、過於寶貝車子的男人心智幼稚

有些人的車子總是擦得亮晶晶，車子內舖著絨毛地毯，同時還會貼著「嚴禁赤腳」的貼紙。

這可謂是幼稚不成熟男人玩的家家酒遊戲。

這些男人的所有力氣都花在洗車上，稍微碰到他的愛車便馬上對妳怒目相向，即使羽毛球的羽毛掉在車上，也要責罵妳，如果車子和別人有一點擦撞，那更是要和對方理論到底。

對於車子十分愛惜的人，無論年齡或職業，都是個幼稚的男人，他們往往在最緊要的關頭無法發揮力量，尤其是會為車子取名字的男人，更加無可救藥。

車子是消耗品，難免會有擦撞或髒污，無論洗得再乾淨，一下雨就泡湯了，難道他們不想想洗車需要花費多少時間嗎？

和一個喜歡車子的男人結婚，妳等於在照顧一個孩子。

75、搭電車想找座位的男性，不會對妳伸出援手

城市的每一天早上，都要上演一齣男女老少的電車座位爭奪大戰。由這點小事情可以反映出日本人的本性。為什麼非要坐著不可呢？或許他會提出種種理由，例如他非常疲倦，或他想睡覺等。

從另一方面看來，其實就是因為他不愛動，或不願意看到車內的人

＊行星⑤的女性

是天生的演員。若在戀愛期間能夠對她百依百順，那麼她會很溫柔體貼，若無法合她的意時，她會表現出冷漠的一面。不能滿足於現狀，經常充滿憧憬，具有吸引外籍男士的特性。雖然美貌，但卻缺少了女人味（星座的算法請參照42頁）。

生百態，或者他缺乏體力，或十分虛弱之故。

如果住家離公司很遠，他為何不搬到離公司較近的地方呢？或是盡可能將上班時間調晚一些呢？

另外也可以搭頭等車廂啊！假使覺得浪費金錢，或與自己的身份不符，為何不累積自己的才能，讓自己去符合坐頭等廂的身份呢？

一個真正有出息的男人，必須要捨棄安逸，如果搶到座位就心滿意足，代表他實現野心的慾望也僅止於此，他必須要保持一種姿態，一種不和市井小民爭座位的心態才行。

如果妳的對象是個無論如何都要搶到座位的男人，那麼一旦發生什麼事情，他是不會對妳伸出援手的。

76、善於逢迎拍馬屁的男性，通常表裡不一

我相信有許多男性非常善於逢迎、拍馬屁。

為什麼要這麼做呢？

這種人通常心中暗懷鬼胎，他之所以逢迎、拍馬屁，只是為了讓對

方心無防備，一旦達到目的之後就會馬上變了一個人。

妳是否也有所察覺呢？有些男人不斷的讚美妳、吹捧妳，可是當妳把身體給他之後，他馬上就一百八十度大轉變。

像這種人可毫不猶豫的背叛別人，他們通常可忍受他人的冷嘲熱諷，但是當妳自己說了同樣的話時，他馬上變得敏感易怒，真是表裡不一的男性啊！

和這樣的人結婚，妳的後果已經可以預見了。當他在外面逢迎得夠累人時，在家中當然會將醜惡的面目盡顯無遺。

77、喜歡演歌的男性通常會走到窮途末路

卡內基、拿破崙及馬芬都曾說過同樣的話：

「只要經常在心中描繪所希望的事情，那件事情必然會實現。」

有些男人非常喜歡演歌的歌詞，因此當說到觀光旅行或夜行列車時，他們會立刻聯想到一些隱晦的詞句，如「淚、故鄉、歎息、酒店、後巷、海峽……」。

＊分辨油腔滑調的男人的方法

・口中經常掛著流行術語，愛好流行服飾。

・無法抵擋得了名牌的誘惑。

・家世良好，雙親都具有國家資格的身分。

如果一個男人同時具有以上三點，則是非常危險的對象。

經常在日常生活中引用這些詞句的男人，他們的生活也會如歌詞般逐漸走向窮途末路。

我們還可以由另一件事情來判定，男性對於不幸的認識各有不同，有人認為立刻餓死是不幸，有人則認為無法每天吃到壽司是不幸，前者即使生活品質不斷下降，他還是會不圖改進，直到餓死為止，而後者只要他無法吃到壽司，便會謀求生活的改善。

年輕時吃點苦無所謂，問題在於對吃苦的態度，如果只是忍耐現有的惡劣環境而不求改善，就只有走上窮途末路了。

78、外遇的用語集

當一個男性講出下列用語時，就表示他有外遇的徵兆。

①對不起，今晚放我一馬吧！↓「放我一馬」是外遇的象徵用語。

②哦？我沒有告訴妳嗎？明天有個聚會↓因為他沒有說，所以妳當然不會問他。

③對不起，我沒有打電話給妳！因為我錯過了最後一班車，不得已

只好在京王飯店住了一晚↓一個人住京王飯店?太浪費了吧!

④妳昨天有打電話給我嗎?奇怪，我一直在家裡啊!難道我睡著了?↓應該是跟什麼人一起睡吧!

⑤我明天又有應酬，男人真是命苦↓應酬是最方便的藉口了。

⑥我們公司決定要去滑雪，還有幾個女孩子要一起參加↓事實上只有他和另一個女同事一起去而已。

⑦今晚我請廠商夫婦吃飯，喏!我身上是不是有他太太的香水味呢?↓妳聞到的是他的罪惡感。

79、由約會場所來看對方的性格

他通常約在什麼地方和妳見面呢?由這點可以看出他的個性。

- 咖啡廳:他是個常識家。想法陳舊，約會一成不變，缺乏刺激感。
- 車站的票口:他追求合理化。凡事都考慮得很周詳，但並不太得意。
- 書店:溫柔但是小氣的男性，他會撿別人不要的報紙來看。

＊妻子懷孕時，男人為何容易外遇？

那是一種性慾的發洩。當他看到腹部漸漸隆起的妻子時，覺得她像一種可怕的生物。此時，愛情變成了責任，同時也有一種被世界遺棄的孤獨感。一旦碰到健康的女性時，就會產生性慾，以上是我的經驗。

・校門口：他是戀愛的門外漢，約在校門口是男性心中最初的願望。

・酒吧：他是個中看不中用的傢伙，雖然長得英俊挺拔，但是他不愛任何人、只愛自己。

・公園：他相當羅曼蒂克，但是不會預想到下雨時怎麼辦。

・旅館大廳：他是個鄉巴佬、只追求外在的虛榮。

80、好色度的判斷

眼尾有黑痣的男人通常好色。

在人相上眼尾至太陽穴部份主妻妾宮，它顯示夫婦關係及色情問題。眼睛表示感情，耳朵職掌精力，而其間的夫妻宮則可顯現異性關係。眼角有黑痣的男人一般會喜歡有夫之婦，左眼角黑痣代表會去追求有夫之婦，而右眼角黑痣則表示有夫之婦會主動接近他，黑痣的位置越靠近太陽穴，越容易判斷他是否背地有女人。

但是若一開始就有黑痣，那麼即使他再好色都具有免疫力，不會發展出太大的過錯。假使妻妾宮沒有黑痣，卻突然出現紅點時，代表會有不尋常的事情發生，往往會因為愛慾糾葛而身敗名裂。另外，青筋浮起時，表示他另有女人存在。

妳現在交往的他，若是妻妾宮泛桃色，就代表他正對妳熱戀之中。

絕不可輕忽男性的眼角。

81、由牙齒看男人

牙齒是顯現男性內在的重要機器，男性的魅力順序，第一是眼光，第二是嘴角，第三是性器，而嘴角的魅力是由牙齒所支配。

◎參差不齊的牙齒↓會虐待女性，常見於陽痿及性變態者。

◎暴牙↓常洋洋自得的談論女性關係，口風不緊。

◎黑齒↓淫亂，沒有其他意義。

◎稀疏的牙齒↓破產之相。

◎上排牙齒朝內側↓性格陰險。一肚子陰謀，不得輕忽。

男性的牙齒一定要緊密整齊，否則很糟糕。例如木屐齒的男性性慾很弱，任何事都會輕易放棄。

82、如果要結婚，最好找個稍感傳統守舊的男人

傳統的男人在目前算是稀有動物，如果妳的男友明白表示自己是個很傳統的人，他的確是個理想的結婚對象。

結婚很重要的內涵其實就是傳統，所以他是否夠傳統，是決定結婚本質的重要因素，如果他不是個傳統的男人，婚姻帶給妳的將是不安感。

男人極怕被人批評為落伍者，例如他其實很介意女性是否是處女，但他對外卻要裝出一副不在乎的樣子，像這種男性一旦被要求表態，馬上玩世不恭起來，而這副玩世不恭的樣子正是他未來的寫照，他只會帶給妳失望而已。

如果要結婚，應該找個有點傳統守舊的男人，當然也不能太守舊才好。

假使妳打從心底認為：

「女人還是要待在家裡較好。」

那麼同樣如此認為，有點傳統守舊的男人，應該還找得到才對。

＊行星⑥的男性

這類型的男性具有商業才能，但是無法抵擋美色的誘惑，意志力薄弱，而使其企業只侷限於中小企業。經常會對身邊的女性產生愛慕之心。但是即使他是認真的，也容易被誤解，而陷入醜聞中。如果經營餐飲服務業，或許可以成功（星座的算法請參照42頁）。

83、不改其方言口音的男人，是本性非常質樸的人？

有些男性雖然到大都市好幾年，但是仍不改鄉下口音，而且他本人也毫不在意自己的口音。

像這樣的男人通常是相當樸實的人。

在日本，關西語系的人大都能坦然接受自己的口音，這是對東京的一種對抗意識使然。

東北方面的人卻相反，他們對都市有一份自卑感，所以會盡力消除自己的方言口音。

東北人回鄉時仍然使用非常奇怪的東京腔，同時一定會穿上最華貴的衣服；此外他們到東京遊覽時，列車一接近東京就開始說起東京話。這是為什麼東北系的男性通常不成大器的原因之一。

口音就像男人的本身一般，是一生無法改變的，即使口音可以改變，但他的心豈能因說話方式改變而改變呢？

84、選擇不隨波逐流的男人

現在獨領風騷的人，很可能明日就遭人唾棄，現在的主流很可能已烙印上過去產物的標記。

但是大多數的人大都追求安定與確實，所以會走現在的主流路線，結果倒楣的卻是自己。

選擇男人最好選冷門的男人，甚至是特立獨行的人都好，總之就是要選與其他人有不同觀點的男性。

當世的主流並非慢慢移動，正因如此才更有趣，也許妳一覺醒來世道已一百八十度大轉變了。

追求安定與確實性的人，機會永遠不會到來。

因此我才會建議妳選一個特立獨行的男人。

「少廢話，一派胡言！」

不隨波逐流，不隨聲應和的男人才會尊重妳，或許妳所嚮往的羅曼蒂克戀情，就在妳的四周圍。

＊行星⑥的女性

這類型的女性是天生的情人，經常有不安全感，喜歡依賴男性。任何環境都能夠生存，具有非常堅毅的個性。一旦有心儀的男性追求時，會馬上為他獻身。即使遭遇重大的失戀，也不容易受傷，會很快地恢復，去找新的對象（星座的算法請參照42頁）。

但是，特立獨行的男人僅限於資質優異者。

85、不講道理的男人才是體貼的人

「生理期的時候和妳碰面，也不能做什麽！」

會這麽講的男性是講道理的人典型代表，和講道理的男人在一起，其實沒什麽意思，二人歷史不會留下任何記憶。

唯有和不講道理的男人在一起做一些瘋狂的事，才會令二人永遠難忘。例如，即使生理期時還是在一起，隔天早上起來床單髒了，像這種事情是二人一輩子也忘不了的。

而講道理的男人可能會說：「妳不要全部脫，只要用得到的部份再脫就好。」這就是他們的典型，是如同電腦遊戲般虛幻的男性，因此妳的心理不會有任何刺激感。

不講道理的男性才會真正體貼，妳不必覺得悲哀，或許妳要繞遠一點的路，但是幸福終會到手。

86、腳決定男人的命運

自己的夢想是否能實現，完全取決定於行動力，行動力顧名思義是行動的力量，因此腳的重要性很大。

如果他是個容易骨折的男人，妳可能要重新考慮你們的將來。

一般人並不認為腳是行動力的來源，但是若在意識的底層不能走動，這是非常糟糕的事。如果男人不能珍惜這件事，他又能做些什麼呢？

我可以舉一些例子來證明我的說法。

有個人因踢足球而踢斷腳筋，以至於無法持續自己的漫畫工作；有個人因滑水而骨折後，決定了降職的命運；有個人因交通事故而大腿部骨折，結果公司倒閉；也有人因練習滑翔機而兩腳骨折，從此以後就變得痴呆。

乍看腳與命運似乎沒有什麼關係，但是骨折是衰運的徵兆。

命運的暗轉確實是由腳的障礙開始。

如果妳和運不好的男性結婚，妳將把自己帶到不幸的深淵之中。

＊行星⑦的男性

這類型的男性相當嚴厲，任何事都要求完美，具有正義感。因此交往的女性必須要具有包容力。他在歷練中累積實力，環境對他非常重要。性交時，有早洩的傾向。這類型的人要留意車禍（星座的算法請參照42頁）。

87、懷孕是測試他的最後手段

如果妳想知道他究竟是怎麼樣的男人，使用懷孕是簡單的手段。

「我好像懷孕了！」

這句話可以測量他的誠意。

「不是騙我的吧？」

「真的是我的種嗎？」

「喂！妳少開玩笑了！」

接下來他也許會問妳：「幾個月了？」然後開始考慮是否還在可以墮胎的期間，同時每天打電話來追問妳的生理期到了沒有。

像這種男性可能沒什麼出息，最好現在就向他要求一筆墮胎費，自己去買一些漂亮衣服然後分手算了。

問題是有些男性會要妳把孩子生下來。

會要妳把孩子生下來的男人又分為二種，一種是他真的很高興妳懷孕，另一種只是隨便說說，即使妳把孩子生下來他也不會出任何費用，是逃避責任的男性。

這二種男性應該很容易區別，如果他是後者，那麼妳真是非常不幸。這個方法是測試男性的最後手段，所以不可濫用，要特別的注意。

88、鼻翼有黑痣的男性主散財

鼻翼有黑痣的男性會散財，留不住金錢。

因此他並不是個適合結婚的對象，但是有一個辦法，就是由妳來掌管財源。

像這類型的男人可能喜歡請客，身上留不住錢財。

如果妳因超速而被警察攔下來，這時妳發現這個警察鼻翼上有黑痣，或許妳可以狡辯一番而免於受罰。

假如他的鼻翼上沒有黑痣，但是有一天他的鼻翼發紅，就表示當天錢包絕沒有進帳。妳可以好好利用這個判斷法。

或許妳會認為，「對他不太好意思吧？」妳不必有這種慈悲心，因為男人生來就是要被女人驅使的。

89、男人的嘴唇主生活意慾及愛情濃淡

當妳與男性親吻時，不妨觀察一下他的唇形。

嘴形可以確實表現出生活意慾及愛情濃淡。

上下厚度均等而且輪廓漂亮、唇色紅潤的嘴唇最為理想，如果他的嘴形很大就更好了。上嘴唇表示主動的愛情，下嘴唇表示被動的愛情，如果任何一片嘴唇有痣或傷口，就表示會對愛情有所阻礙。

但是由嘴唇只能看到現在的狀況。

彌補的方法是同時觀察鼻翼旁的「法令紋」是否明顯。如果妳發現他的嘴唇上有紋，表示好機會來臨了，妳可以立刻和他結婚，然後為他投巨額保險，因為他很可能不久後就會因等惡性腫瘤而死亡。

90、由手掌來判斷個性

接下來我們談談用手掌判斷男性的方法。

＊行星⑦的女性

這類型的女性感情起伏很大。今天也許和你很要好，但是明天可能會為了一些小事而和你翻臉。戀愛時容易聽對方的話，但是很快地又會後悔。有潔癖，不善逢迎拍馬屁，容易陷入即興的戀愛中（星座的算法請參照42頁）。

◎大手↓神經質，經常在意一些小事情的男人。

◎小手↓他不太注重小細節，但他也不太能理解女性的纖細感受。

◎手掌薄↓相當感性，但金錢運不佳，屬於眼高手低型。

◎手掌厚↓天性豁達，但是太過自信，所以有時會有麻煩。

◎紅手↓飲酒過量所引起的身體反應，是由肝臟送出的警告，而且有嗑藥之嫌要特別注意。

◎大拇指的形狀漂亮↓是相當好的人，他是可以滿足妳的願望及喜悅的使徒。

◎木槌指↓指尖像木槌的頭一般，這樣的男人會為了錢做一切事情，因此妳會為了他過著非常辛酸的日子。

91、要特別小心喜歡運動的人

這裡所謂的喜歡運動，是指一些狂熱的觀戰派，如果妳的他正巧是這種型，勸妳最好打消和他結婚的念頭。

觀戰運動比抽煙的危害更大。

當啦啦隊除了大聲叫喊、加油、浪費寶貴時間之外，也浪費精力。即使支持的隊伍獲勝，對觀看者也沒有任何好處，不僅如此，觀衆所支付的入場劵費用，正是選手巨額年薪的主要來源。

如果喜歡運動，為何不自己去運動呢？為何甘願去作一名旁觀的啦啦隊呢？讓自己的喜好去成就別人賺大錢，難道不會後悔嗎？

這些男人放著自己的工作不管，像瘋子一般的去加油，在極度的興奮之後又去飲酒，搭上最後一班車回家時又和人打架，請切記此類男人實在是無可救藥的敗陣者。

92、發生非常事件時可看出男性的金錢觀

當發生飛機事故或地震等突發事件時，正可以了解他是否能成為一個有錢人，有所謂大難不死必有後福，但是一定如此嗎？

或許有些讀者會認為我下面所講的話過於極端，不過我們不妨來想想看，每當有任何災難發生之後，會產生怎樣的現象。

事故後必定會有些人對著電視鏡頭講述事故的發生過程，像這類人

非常遺憾的絕不可能成為有錢人，他的金錢獲得能力等於零，不，說得更清楚一點，他完全沒有賺錢能力，甚至只有倒楣的份。

這麼寶貴的經驗，是具有財產價值的，而他卻免費公開了！

如果是警察要聽取事件原委，或要對遺族作報告就另當別論，若是以採訪為名義便將他騙到電視機前，毫不考慮地將自己的體驗公諸於世，那麼可能好幾億元的價值便立刻化為烏有。

到底他是如何劫後餘生的呢？這是一輩子難得的經驗，怎麼可以平白無故的告訴別人？他沒有此義務。

「我要將這段經歷保留到日後出版！」

如果他不能立刻作出這種判斷，他和發大財實在是沒什麼緣份。

93、由耳朵看男人的體力

都會人不論男女，耳朵都十分漂亮，這裡所謂的漂亮是指耳朵沒有污垢，非常乾淨之意。

對男性而言，耳朵是代表體力的器官。

＊行星⑧的男性

這類型的男性講究氣氛，心情好時會談笑風生。神經纖細，具有藝術家的性格，很在乎女伴是不是處女，同時不容許自己的女伴背叛他，由於他講求細節，因此對於服裝、髮型，甚至裝潢都非常講究（參照42頁）。

◎耳朵大且堅硬→表示有金運，體力亦佳。

◎小耳朵→缺乏金運，而且晚景淒涼。

◎招風耳→具有動物性直覺，但是會說謊，不得輕易相信他。

◎有下耳垂→是富貴之相，但他是個花花公子。

如果他的耳朵泛桃紅色，表示其運氣及金運都沒得挑剔。

但是若發青便有問題了，如果他要帶妳去兜風最好別答應，因為這是死相之一。另外，耳朵有痣表示會遭色難；耳朵後有髮際，則代表他會沈溺於不純潔愛慾的人。

94、對於一口口慢慢啜飲酒的男人，最好趁早死心

如果一個男人喝一小瓶酒要花三十分鐘，那代表他已失去男性活力，即使他很年輕，但他對人生也已疲倦、已放棄，和這種男人結婚妳絕對後悔。

這樣男性對工作完全不在乎，會將重心置於私人生活上，而且思考完全被商業化了！他若一個人過日子，或許沒問題，但是妳不必浪費時

＊行星⑧的女性

外表開朗內在卻陰沈，有如見不得人的花。對於喜歡的對象會溫柔獻身，但對於性技巧不佳的男性，則會表現出無情的一面。容易歇斯底里，接受神秘事物，中年容易醉心於宗教之人。（參照42頁）。

間去和他交往，因為他絕對不會下結婚的決定。

妳還是應該選個具有旺盛生命力的男人才好。能夠大杯、大口喝酒的男人，才能為妳帶來幸福，幸福與否不在於金錢的有無，而在於男人是否具有活力，如果不是大口飲酒的男人，他絕無法帶給妳平安與喜樂。

95、易怒的男人可分二種

易怒的男人分為二種：

①自我本位而發怒。

②神經質而發怒。

前者將妳視為母親的替代品，所以妳講話的方式可使他發怒，一些小事亦可使他不滿，完全像個長鬍鬚的嬰兒一般，他是會擊潰妳人生的男人，他們只要求被愛且完全不懂得付出愛的喜悅。

後者是因為愛妳而引發怒氣，例如妳晚一點回家，或他打電話給妳而妳不在家，於是他便開始想像妳是否遭遇不測。

＊行星⑨的男性

大膽的男性，不是大企業家，就是死刑犯。雖然花心，但是還不至於拋棄妻子。對女性很溫柔，是個情場老手，背地裡被稱為女性殺手（星座的算法請參照42頁）。

當他看見妳時便放心了，但也同時引發怒氣，這種放心感只能以怒氣來表現的男性，是不成器的人，和他結婚他會經常吃醋，不過也絕對會對妳非常好。

下一次他若再發怒時，妳不妨冷靜觀察他是屬於那一種。

96、由找工作的態度來預測男人

他是否能在社會上生根呢？可以由找工作的態度來加以預測。

如果他在大學三年級時就感覺到自己不再年輕，而汲汲於尋找工作，那麼他的人生就開始被埋沒了，因為他在嘗試自己的可能性之前，便為自己預設了限制。

對妳而言，也許會認為和一個工作沒有著落的男性結婚不安心，但是妳若只考慮眼前的安心便驟下決定，是件非常危險的事情。

假使他配合自己的目標去找工作，這樣的男人還有藥救，但是大多數的男性通常只怕趕不上這班列車，只重視待遇而開始工作。最差勁的人是本來以藝術家自居，但一到了找工作時，他便改口說：

＊一意孤行的小職員的悲劇

他任職於中小企業，只要認為是對的，則不論對象是誰，都會毫不客氣地表達己見。有強烈的正義感。為了要求公司改善員工待遇，而準備籌組工會。但是事前消息洩露，馬上就遭到解僱。這時，即使是自己的同志，也沒有人會替他說話。於是，他為了報復，而向國稅局檢舉公司漏稅。

「音樂不能當飯吃！」

也就是說，會因為條件或環境而輕易改變自己的生涯目標的男性，他對妳的愛情也是同樣說變就變。

97、評價擁有自我意識的男性之方法

妳交往的對象是個上班族嗎？上班族的目標無非是步步高陞，他體認到這一點了嗎？他是否想趕快當上課長、部長、再升任專務、甚至坐上總經理的寶座呢？沒有任何頭銜的上班族最為淒慘。

想必也希望結婚對象是個能步步高陞的男性吧！

假使他是個自我意識非常強的男性，那麼他無法當一個好的上班族，因為他太不懂得上班族的生存之道。上班族為達目的，不可或缺「忍耐」、「服從」、「無情」三大要素。

太過自我意識的他，會完全放棄這三大要素。他會光明正大的陳述自己的意見，一步也不退讓，而這是上班族不應有的態度。

上班族應該講些在位者喜歡聽的話，同時具備忍人所不能忍之勇氣

＊阿斗君也不錯

有一位女性在提及自己的男友時，生氣的說：「他實在是太軟弱了。」我說：「難道這樣不好嗎？」她的表情馬上緩和了下來。說來也很奇怪，有些男性雖然沒有個性，卻相當有人緣，因此也能慢慢的出人頭地。但是要注意，這類型的男性一旦出現自我時，一定會失敗。

。妳最好能將男子氣概與未來前途作清楚的考慮，並同時要求徹底的決斷力。

98、他若開始作脫毛處理，趕快分手為妙

有些男性一心想討好女性，甚至會為此將自己的手毛、腳毛作脫毛處理。

這種男人的共通點是親吻技巧相當好，作愛時也十分體貼，但一旦黏上手後卻怎麼也甩不掉，因為他們除了親吻及作愛之外一無可取。

他在工作上也只是個跑腿的小角色，是用完即可丟掉的男人，不適合作為結婚為對象。

即使結婚，他最關心的仍是別人如何看待自己，對於妳的話不睬不理，早晚都將時間花在鏡子前面，並且在夢中練習親吻技巧。

像這類會去作脫毛處理的男人，他的腦中充滿了自己，因此他完全不知道作脫毛處理與女性對他示好是完全無關的兩件事。

如果妳交往的對象突然開始作脫毛處理，即表示他的心已移轉向另一個女人，妳最好趁機趕快將他轉讓出去。

＊男性是女性的鏡子

有一位女性向我抱怨她的男友，說：「和他走在街上時，他都不看我。」我問她：「他是在看其他的女人嗎？」她說：「不是，他只是看著櫥窗中反映出的她，即使在旅館中也一樣。」當女性的外表與男性差距懸殊時，通常男性都會有這樣的表現，尤其是十餘歲和二十餘歲的男性更是如此。

第六章

斷然拒絕結婚的選擇

據說賽車時為了加快速度，必須靈活運用剎車器。

所以當妳說「NO」時，也許正是為了加速說「YES」的結婚決定。

但是現在有越來越多女性是藉由拒絕來抬高女性地位，並確立自立的能力，因此她們頻頻發出拒絕聲。

這類型的女性都是自我意識非常強烈的人，當然對任何類型的男性皆看不上眼。

而對於像妳這麼溫柔、可人的女性而言，說「NO」只是讓感情加溫的調味料而已。

不過，有一種男性必須斷然加以拒絕。

那就是只會為妳的結婚帶來不良影響的男性，當然這是非常不容易分辨的、並不是一件簡單的事，在現實生活中，不好的男性實在很難判斷。

愛情往往令人模糊了判斷能力，因此經常無法分辨孰是孰非。

但是，一旦妳面臨結婚的決定之時，就必須冷靜的選擇現在所愛的他了。

雖然同樣是愛情，但有些卻是會讓妳不幸的「黑洞之愛」。

對於這種不幸之愛，請妳拿出勇氣拒絕它吧！

99、一年以上的遠距離戀愛

遠距離戀愛的悲哀，在於只能藉由精神去維繫愛情，缺乏物理性的重力關係，風一吹便會灰飛煙滅，是非常脆弱的愛情。

為了讓遠距離戀愛成功，雙方都必須給對方相當大的容許度。也就是在某種程度內容許對方花心，但是此容許度若太過分，卻又無可避免會面臨愛情自動消滅的命運。

遠距離戀愛的壽命是一年，但是妳不能在這一年中什麽也不做，水面下的建設實屬必要。

雖然你們二人分隔兩地，但是一定要以結婚來維持二人間的重力。

到了第二年妳就知道了！屆時不但信沒有，電話也沒有，妳的愛情僅剩下遙遠的回憶。

＊遠距離戀愛與他相見的方法

「遠在因幡山峰的你，何時歸來」這是貴族調職時的歌，表示希望與君相逢之意。從前人貼在門口找行蹤不明的貓。如果貼在房間，也許他會突然叩門。

100、一旦猶豫時就放棄吧！

結婚與買衣服或珠寶的意義不同。

買衣服猶豫時，可能買了、失敗了，但也只是一時的後悔罷了，但結婚卻非如此，失敗的婚姻會令人後悔一輩子。

所以當妳對一樁婚事產生猶豫之心時，便應該立刻停止。

妳猶豫的原因可能是不知愛情及金錢孰輕孰重。或是有衆多追求者，不知如何挑選，這時我建議妳將全部的婚事都拒絕掉。

妳也許會說本來想早點結婚，這麽做不是會耽誤婚期嗎？

事實上，許多好的姻緣都是在妳放棄時良人才會出現。

這時「猶豫」的回路絕對被關閉了！

101、當妳開始討厭他的手指時，愛情就將告終

仔細觀察會發現，沒有一樣東西像人的手指那麽靈活。它可以如貓

＊婚前焦慮症

有一天半夜十二點鐘，一位女性打電話來對我說：「再過幾個小時，就要結婚了。」「誰啊？」「就是我。」她非常害怕而想要取消婚禮，然後她喋喋不休地講了五個鐘頭。最後在掛斷電話時，她說：「現在我已經安心了。」這時，天已經亮了。到目前為止，我尚未收到這一筆諮商費用呢！

、狗般快速移動，也可以奏出動聽、美妙的旋律，而且我們經常用手指來付錢、用手指來開車。

當妳討厭他的手指時，這段愛情也該結束了，因為手指就代表他的存在。

你們之間的接觸由手指開始，他用他的手指為妳按下愛的開關，他用手指撫摸妳的身體時，同時也撫慰著妳的心。

「我愛妳！」

這三個字也同樣可以經由手指，加上電流，傳入妳的心裡。

妳不妨再一次觀察他的十根手指吧！妳的心裡自然能決斷是否仍然愛著他。

102、不能和外遇的男人結婚

如果妳和他的感情屬於外遇，很可惜的你們不太可能結婚。

妳必須毅然決然地將這場沒有結果的戀愛封箱、丟棄，否則歲月如梭，妳馬上就會等到四十歲的關卡。

＊職業婦女是失敗的女性

某位女性在婚後不顧家人的反對，堅持進入一家企劃公司上班，公司內只有社長和她一名員工而已。主要是承包電視台與出版社的工作。兩年後，她被社長的兒子解僱，領了一年份的薪水，神色黯然地離開公司。

「我會和太太離婚！」

「真是恨不相逢未娶時！」

或許他會這麼說，這些話也許不是謊言，是出自於真心誠意。

但是或許連他本人都沒有注意到，這麼說只是為了想在對方心裡喘一口氣罷了。他是利用對妳的愛來逃避工作及生活，戀愛只是他消除壓力的方式，而這是種沈重的平衡感。

也許他真的想和太太離婚，不過即使他真的離婚，也不見得會和妳結婚，因為當他外遇的藉口消失時，便會開始仔細考慮是否要和外遇對象結婚，而幾乎所有的男性都覺得不能這麼做。

此外，就妳而言，妳應該也不願意嫁給一個因外遇而與妻子離婚的男性吧！

103、陷於嫉妒迷陣中的戀情無法修復

假使妳對他感到異常的嫉妒，代表妳已掉入他所設的陷阱之中。

戀愛時為了掌控支配權，有時必須激烈地撼動對方的感情。愛是一

種體貼，但戀愛卻是絕對的自我中心，唯有掌控對方的要害才能掌握支配權。

妳是否曾故意約會遲到，不打電話給他，漠視他的存在，甚至使用哭泣等各式各樣手段呢？

但是妳一旦感覺嫉妒，那麼在這一場戰爭中就絕對失去勝算。在內心中不斷交戰，害怕他有一天會離開，每天戰戰競競的等待一場有勝算的戰爭。

這時妳唯一能打出的王牌，就是在電話答錄機中說聲：

「再見！」

陷於嫉妒迷陣中的戀愛，是無法修復的。

104、他第二度向妳施暴時，請二話不說的離開

暴力會上癮。

當他第二次向妳施暴時，請妳立即離開他，否則難逃第三場毒打。

毆打弱者是令人心情愉快的事，有一種快感。

＊妒火中燒時不要打電話給他

有些男性會以不打電話當成武器，讓女性感到焦躁不安，最後甚至考慮是否要在深夜打電話給他。這時，我的忠告是：「絕對不要在半夜打電話給他。」可是，女性在焦躁中，總是會喪失理性，還是撥電話給對方。最後，她欲哭無淚地告訴我：「妳知道嗎？接電話的人竟然是他的母親。」

毆打的聲音聽來相當過癮，感觸極佳，當他聽到碰的一聲時，會發現自己竟如此孔武有力，由身體底層不由得湧現一股原始的聲音。

男性一旦二度毆打女性，就無法以理性來克制了，因為他已經上癮。如果妳不立即離開他，等待妳的就是每天被毆打的日子。暴力之後，沒有任何愛、戀、幸福可言。

105、如果他想要婚後與父母同住之時……

不論在什麼情況之下，最好都不要和父母一同居住，只要他一天有和父母同住的傾向，妳就一天不可蓋下結婚證書的印章。

所謂父母，宛如棲息於同一地球，但生活卻是另一次元的不相容生物，這點妳應該有所認知。

如果妳不相信，妳的婚姻就要面臨不幸。

你們在食物的取向，就寢時間，起床時間，甚至對歌曲的興趣，都截然不同，而思考方式、感覺方式更是有明顯差異，一旦和他們一起住，妳將被迫全盤接受。

例如，父母親會經常說：

「我們在戰爭時是多麼克難啊！」

這時妳也只有說「是」的份。即使父母親沒有體驗過戰時生活，但還是會以從前的生活標準來要求妳現在的生活方式。

當然，我並非鼓勵你們不孝順父母，不過分開居住相信對雙方而言都有好處。

106、不與妳共度週末的男人

無論他如何辯解，只要他不和妳共度週末，就表示他另有真正喜歡的女性，他與妳的關係不過是逢場作戲，妳千萬不可被他的甜言蜜語、溫柔愛撫所欺騙。

妳也不可自我暗示說：

「我寧願被他騙，我除了他誰都不愛！」

這種一廂情願的想法非常可怕，因為妳一旦被他拋棄，可能會會導致對所有男性皆不信任的壞影響。

男性若是逢場作戲，他必定會使出渾身解數地甜言蜜語，性關係也會特別激烈。

因此他一旦滿足性慾之後，絕沒有想和妳聊天的興致，也不會探索妳的內心世界，他會立刻起身離去，所以當他想到和妳共度長長的週末，只覺得索然無味。

在願意與妳共度週末，耳鬢廝磨的男人尚未出現之前，請妳繼續說「NO」吧！

107、與大老闆的兒子相親

如果是戀愛就另當別論，若要妳和老闆、醫生、律師的兒子相親，應該拒絕較好。

「為什麼？」

也許妳會在心中如此吶喊。

假使妳心想為何要放棄既有地位、又有財產的人選呢？那麼大可放心，因為妳也不是他們要找的對象。

老闆、醫生、律師的兒子要找的對象，必然是門當戶對的女性，是一位能維護他的地位、財產的千金小姐。

問題在於連婚姻都要由父母出面的第二代，他們會有什麼經營能力呢?他們大概除了花天酒地之外，是一事無成的男人吧!除了被寵愛之外，不知愛為何物的花花大少，妳當然應該斷然拒絕他。

108、對方比妳年輕十歲以上

這是我的一個朋友的經歷，他曾追求過比他年長十三歲的女性。

他認為只要有愛、年齡不是問題，但是對方卻斷然拒絕，即使他從不覺得二人之間有年齡上的問題。

但是經過一段時間的相處後，他終於說出肺腑之言：

「年齡畢竟會造成差異……」

他經常無法體會年紀大女性的話語真正涵意。

的確，年齡差異懸殊的婚姻，假使是男方年紀較大，通常不會造成障礙，但若年長者為女性，則失敗的比例相當高。

＊行星⑨的女性

忽冷忽熱的女性，雖然不是很漂亮，卻性感得讓男人發狂。道德心低落，但是卻很有才能。能夠同時與五、六個男人交往，外遇的經驗高居榜首。雖然性感，但是性慾薄弱（星座的算法請參照42頁）。

不過，倘若男性所從事的是藝術相關工作，就不在此限。

109、當他提出想回歸大學時代過學生生活時

男性遇到挫折時，通常分為二種型態，一種是超越挫折，另一種則是放棄。放棄的型態就是「由零開始重新學起」，他會以此為藉口來規避失敗。

當他提出「我想再回到大學」時，妳便必須準備說出「NO」了，因為他打算如何應付回到大學這段期間的生活呢？想當然爾，他已經把妳所賺的錢計劃在內。

這裡必須重新為學校下一定義，所謂學校並非學習場所，只是浪費時間的休戰地帶而已。

勝敗乃兵家常事，在戰場上失敗並不可恥，問題在於他是否能重新再上戰場。

喜歡逃避的男性，一旦失敗便會重回出發點，一步也不肯向前邁進，以藉口及辯解終其一生，所以對這樣的男人當然要說「NO」。

110、即使他想聽！也不能對他坦白過去的情史

有時他會想聽妳的過去，雖然他並不想知道，但是卻想聽，因此妳回答：

「十四歲時獻身給愛慕的學長。」

他一定會再追問之後還有什麼。

但是請等一下，也許妳認為彼此相愛，所以他必須知道妳過去的一切，這是種美麗的勇氣，卻也是種危險的遊戲。

對妳而言，過去的一切皆已隨風而逝，可是對於第一次聽到妳的過去的他而言，刺激卻是非常強烈。告白是一種快樂，因此妳一旦開始說便很難停止，而且越說越起勁。

當妳發現情勢不對時，想補救也為時已晚，妳會說：

「但是，你是我所遇過最好的男人，我第一次有這種刻骨銘心的感覺，和你結婚我一定會成為一個好太太！」

已經太遲了！他也許正一面默默微笑、一面將妳摒除在結婚名單之

＊行星⓪的男性

很溫馴的男性，然而一旦談戀愛，言行就會超乎常軌。適合與年長的女性交往。他的女伴必須能夠容忍、包容、接受他，否則就很難相處。這類型的男性，是被寵壞的男孩（星座的算法請參照42頁）。

外。

111、男人不會與借錢給他的女性結婚

有一說法是，假使與一個女性發生關係，那麼向她借錢不還也無所謂。

男人不會向要和他結婚的女性借錢，反過來說，他會向她借錢的女性，就不會和他結婚。

「拜託！結婚之前會還給妳！」

由於他永遠也不會和她結婚，因此他永遠都不必還錢給她。

對男性而言，借錢是一種羞恥的行為，會感覺讓對方看到弱點，雖然他們表面上裝作若無其事，但是卻由心底憎恨借錢給他的女性。

為什麼呢？因為他只要一看到她的臉就會想起借錢的事，不知不覺讓自己陷入被索債的壓迫感之中。

因此一旦他向妳借錢，妳不妨將愛的銀行中所有存款，全部領出來還給他。

112、爭奪電視頻道是造成離婚原因的第三位

是否非常驚訝呢？美國離婚原因的第三位排名，竟是「爭奪電視頻道」。

當同樣白天工作的夫婦二人，一人在洗衣服時，另一人卻沈醉於電視上的摔角大賽，洗衣服的一方看得怒從中來，即刻展開一場大戰。

電視其實只是一種代償行為。為了看電視而爭吵的男性，不具有結婚資格，電視對人類沒有任何好處，只能擾亂人類的感性而已。

假使他的話題總是繞著電視打轉，那妳要了解到你們的結婚絕非終點，而是邁向離婚的通過點，一面喝啤酒，一面靠在沙發上看電視，是一種類似豬的行為，難道妳希望和豬結婚嗎？

113、當他叫錯名字的時候

當他用別的女性的名字來叫妳時，表示他的愛已明顯有所轉移。

＊美國女性的困擾

美國女性也有煩惱。美國的男性把戀愛和結婚當作是兩件事，也就是玩歸玩，而當他們要結婚時，就要選擇體貼溫柔的女性為伴侶，所以不可以光從電影或觀光所得到的印象，而草率地下判斷。

他或許會辯解：

「我沒有說啊！妳聽錯了。」

事實上，他自己心中無意識地由口中叫出別的女性的名字，這種無意識才更可怕。

這是毫無疑問的事，那個女性在他心中佔了很重要份量，不只是普通朋友關係而已，由於他經常叫她才會說溜了嘴。

而且他也不太在意妳的感覺，這並非表示他對妳放心，而是不再在意了！

妳是否該重新考量自己的自我意識，是不是太低了呢？

他對妳的稱呼只是「喂」，以至於放縱他與其他女性在一起，你們之間已沒有愛，只是一種隨性的習慣而已。

114、當他帶你到回轉壽司店用餐時

如果他帶妳去回轉壽司店用餐，表示妳在他心目中已一文不值。

在這裡他無須殷勤服侍妳，只要各自取食即可。妳不妨向他提出嚴

重抗議，然後看他如何反應。

如果他認為妳是小題大作，建議妳打他兩耳光，再也不要和他見面。

回轉壽司店可以說是戀愛的終點，是一個最寂靜的漁村。

你們的戀愛是否一開始由高級餐廳，然後到飯店的酒吧、到燒肉屋、到大衆飲食店，最後淪落到回轉壽司店的命運呢？

你們做愛的地點，是不是也從渡假旅館到城市旅館、最後到賓館，現在已淪落到他住的小公寓去了吧！

妳不妨將此視為他一生的縮影。

如果妳同情他「因為沒有錢啊！」那麼妳會更被他瞧得一文不值。

115、很多時候愛無法超越宗教

有時婚姻會要求雙方讓步，妥協及容忍，這是由於兩個生活環境、教育、價值觀都不同的男女共同朝夕相處，而產生的不自然關係。

不過宗教卻會成為婚姻生活瓦解的原因，如果雙方有相同的宗教信

＊行星⓪的女性

外表看起來柔弱，憧憬戀愛，執著於追求虛有其表的男性。厭惡自己的消極，因此常會勉強自己扮演積極的角色，而犯下錯誤。這類型的女性先天對流行很敏感，具有觀察男性神情的能力，為其天賦的武器（星座的算法請參照42頁）。

仰則沒有問題，但若是一人信仰一種宗教，則會使婚姻破裂。

宗教就是對神的信仰超越愛，即為信仰神為中心的愛，但是宗教有別、神亦有所不同，因此愛會呈現不同的姿態。

愛原本就因人而異，但宗教更將愛限制於框框內，如果由此框框超越出來，愛便不是愛，而是種罪惡。

例如有主張「不可姦淫」的宗教，也有主張「只要念佛，什麼事都可以做」的宗教，雖然它們的方向不同，但是對愛的觀念卻截然不同。

一個人之所以會信仰神，通常因為他的內心有無法解決之煩惱，他的心靈較為脆弱，像這樣的信徒與精神病患僅只有一紙之隔。取決在於自我意識之強弱，自我意識弱的人會發瘋，而自我意識強的人又分為理論派與盲信派，理論派信占卜之術，盲信派則屈服於宗教，會盲目信仰，跟從神。

如果對神的愛超越對配偶的愛，而且表現於行動之上，那麼這段婚姻是無法避免破綻產生的。

就如天不容二日一般，一個家庭也無法容許有兩個宗教存在。

假如妳的他碰到事情就跪在神壇前禱告，那麼無論妳再怎麼愛他，

＊拼命道歉的男人

經常可以看到連連道歉的年輕男性，即使握個手也說抱歉；甚至在接吻、做愛時，也是連聲的「對不起」。通常女性不會喜歡這類型的男人，會覺得這種男人似乎沒有擔當。其實，他之所以如此，是因為他把女性視為神聖而柔弱的，認為慾望是污穢的，基本上，這類型的男性是幼稚純真的男人。

妳的愛都無法到達他的心中。

他的愛懸在十字架上，因此很多時候愛無法超越宗教。

116、交往半年，他未曾親過妳

妳應該不是希望在結婚之前與他保持清白關係吧？那不是愛，沒有性的愛就如同嚼無味的口香糖一般。

如果妳們交往了半年，他未曾親吻過妳，並非表示他很膽小，而是表示他缺乏愛情及生命力。雖然男人在喜歡的女性面前往往非常膽小，但是愛情的強烈衝動會突破他的膽怯。

連親吻都做不到的男性，妳不妨認為他根本沒有愛，至於沒有性慾的男性，妳不妨認為他在性格上亦有所缺憾，不如早點分手算了。

時間無情，年輕女性的時間就如同鑽石般寶貴。妳若要繼續等下去，等他和妳發生關係可能要一百年，等他向妳求婚，可能要花上三百年。

雙方保持清白關係的時間越長，一旦雙方發生性關係，往往就是二人關係崩解的時候。

＊如何引起其性慾

現在，有很多女性在與對方親吻以後，並沒有進一步的行動，因而使對方乾著急。為了要挑逗起其性慾，要盡量說一些會讓他聯想到肉體的話語，例如：「我為了要換衣服而遲到了」、「絲襪破了」、「內衣未乾」等等。

117、他邀約妳去參加刺激的性交俱樂部時

男女之愛的本質為獨占。

情侶經常說：「我的男人」「我的女人」，這就是最佳的代表例。因此他若邀妳去參加亂交俱樂部或換妻俱樂部，妳就該淸楚地告訴自己那不是愛。

但是妳認為：「他只邀我一個人去！」

當然如此，因為他不會邀他所愛的人去參加那種遊戲，由於他希望和其他女性體驗性交的強烈快樂，而將妳當作交換的物品，也許當他看見別的男人擁抱妳時，內心會因嫉妒而對妳更好。

但是那並非真正的愛。

無論亂交俱樂部或換妻俱樂部，都可視之為愛的墳墓，只是找尋刺激的性慾遊戲罷了。

第七章

看透男性的謊言

戀愛必定伴隨著謊言。

沒有謊言的戀愛絕對無法燃燒，它是妳踏上悲哀成人的第一步，但也讓妳學會學校中未曾教過的說謊術。

為什麼說是悲哀呢？因為人一旦瞭解謊言之後，就更能瞭解人的真正面貌，每次戀愛都讓妳更加看清男人的真正面貌。

但是我們並不需要以謊言定罪，謊言之中或許隱藏著他的真正想法、溫柔或願望。

謊言是二人戀愛的導火線，也是燃料。

謊言的本質就是愛情，有時為了不讓對方失望，或不想將對方轉讓給任何人，在強烈的愛情驅使之下，嘴裡不由得說出謊言。

結婚這個詞與戀愛這個詞的最大不同，就在於現實的影響，必須將謊言的外衣拆穿，否則不足以成立結婚這個非情的儀式。

現在於結婚之前，妳必須接受一項殘酷的試煉，也就是男人的謊言、戀愛的燃料。

他的謊言是為了讓妳幸福，或是無法原諒的惡意？妳必須能通過這項試煉才行。

118、當他邀妳去海邊→他的內心已秘密下了某種決定

當男性邀女性到海邊兜風時，表示他已用最大的勇氣下了某種決定。

他希望與妳有某種秘密協定。

男人將海、女人、旅館在腦中架構成一種簡單明瞭的圖形，一旦帶女性到海邊，必然是下了某種重要決定。

女性對海應該有特別的感情，當面對蜿延曲折的海岸時，想必有一種渴望靠在駕駛座的男性肩上的衝動，而男性本能的察覺到這一點。

人類繁殖的原點在海岸，海洋波浪拍擊的次數與人類的呼吸次數相等，濃度與血液也相當類似，海會讓人類回歸野性，波浪中具有令人類理性狂亂的磁力。

哦！聽到汽車聲，或許他已來邀妳去海邊了！

119、他帶妳去的店↓男人的共犯

通常和店中的人熟識的地方，氣氛會比較舒適，或許餐點並非太好吃，內部裝潢也並非太耀眼，但是當打開門的瞬間，店主迎面而來的招呼聲，就會令人感到熱情洋溢。

但是店主通常久經世故，當妳與他一同出現在店門口時，他已經和店主達成某種默契。

瞬時之間店主已看出妳的品味，背景音樂也即刻為妳改變，然後他或許會暫時離開，在他離開的同時，店主會低聲向妳說：

「他是第一次帶女人到這裡來哦！」

這句話會令妳心花怒放。

善於網羅的男性，會知道選擇最符合他心意的店。

對不起，我有電話進來。
好的。
……
……
喀喀
他是第一次帶女孩子來我店裡……。
哦？
他是第一次。
再加點油吧！
半年前，我也曾和另一個男人來過，但是……
半年前
還好燙了頭髮
他們真是好嫩啊！
這老闆和那個男人

120、「請妳當我今天的情人吧……」令女性喪失理智的一句話

當妳已決定結婚時，突然有個男人對妳說：

「今天，就請妳當我的情人吧！」

他之所以會對妳說這句話，正是因為妳本身的焦慮所引起。

一般人雖然會夢想婚姻生活，但是相反的也會懷疑這是否人生的墳墓，「我真的就要這樣過一輩子嗎？那麼就讓我僅存的單身生活劃下美麗的句點吧！」會萌生一種焦燥感，而這種焦燥的感情會傳輸到男性的眼中。

女性對於「只有今天」這種無後遺症言語的誘惑，同樣非常脆弱。真的沒有後遺症嗎？如果妳和他都不揭發，的確沒有人知道，但是其實它會有後遺症。

因為結婚前的偷情事件會鮮明地刻劃在妳的身體上，這種與妳平常的經歷截然不同的體驗，會甜蜜的隱藏在妳的內心深處。當妳婚後獨自

走在街上時，這個甜蜜的回路便會蠢蠢欲動，妳會想：

「既然那時候沒有被發現，那麼……」

妳的身體會對此有所回應，以至於再度驅使妳去玩這場遊戲。

雖然結婚令妳的環境有所改變，但是身體卻無法忘懷。所以，對於婚前的偸情事件必須特別愼重思考。

121、調識、離職令女性心靈動搖的技巧

有些女性某天會猛然覺醒，疑問自己為何會對這樣的男性如此迷戀，於是她像由魔法中甦醒一般，希望和男性斷絕關係，這時男性就會利用「離別的反作用」，來動搖女性的決定。

他會事先設計「調職」「搬家」等假設的環境，藉此攻堅屢攻不下的女性內心。

典型的技巧可能是他會打電話對妳說：

「我們可能不會再碰面，到了那邊我可以打電話給妳嗎？」

他絕不說出想和妳碰面的話語，而這也正是他狡猾之處。

如果他提出要見最後一面，女性一定會警戒而予以拒絕，於是他藉由不再見面來引發妳的哀愁，當妳想到再也見不到他時，心中會浮現一種微妙的心理反應，這時男人會趁機說：

「我突然變成明天就要出發，其實真的想見妳一面，我現在就在妳家附近……」

這種突然的電話，根本沒有讓妳產生警戒心的時間，妳反而會期待與他見面。

離別的哀愁與戀愛的寂寞是類似的情緒，如果不多加注意，妳恐怕就會落入他的圈套中。

122、妳是世間少有的奇女子↓謊言！只是欺騙女性的技巧而已

「妳真是太厲害了！」

「少胡說！」

「真的！妳是我遇見的唯一奇女子。」

「真的嗎？」

「沒有一個人比得上妳，我愛妳！我們結婚好嗎？遇見妳讓我第一次有想成家的感覺。」

男人所說的這席話，沒有一句是真的。他先讚美妳的美貌，然後讚美妳身材的特殊部份，再接下來告訴妳帶給他正確的生活方式。

沒有一個女性會不被這席話所騙，因為她打從心底不希望這是謊言，但是這不過是男性誘騙女性的技巧罷了！

123、令妳無法說不的說話技巧↓討人喜歡的男性

女性的潛意識中既有自戀狂又有被害妄想，有些男性就會利用二者之間的衝突。

「妳知道嗎？有個男人說他喜歡妳。」

「騙人！是我認識的人嗎？」

「妳想不和他見見面？」

「是誰？告訴我嘛！」

＊在最後的遊戲中自掘墳墓的女性

有一位女性相親結婚一個月以後，男方就提出離婚的要求，理由是他罹患了性病，而傳染給他的就是這位女性。她在舉行婚禮以前，和許多的女性一樣，對於過去所交往的男性做最後的巡禮，結果造成了這種後果。即使她來找我諮商，我也愛莫能助。

「那麼，中午到樓下咖啡廳碰面再說吧！」

這是一種攻勢，而另一種攻勢是：

「妳知道有人說妳的壞話嗎？」

「不知道耶！是男人還是女人？」

「我不知道該不該說。」

「不行，你一定要告訴我，如果在這裡不方便說，回家之後再告訴我。」

但是回家後你們吃完飯，妳再問他時，他會回答：

「沒有這檔子事啊！因為我喜歡妳所以才騙妳的。」

會以言語來逗弄妳的男性，是女人無法拒絕的男性。

＊擁有文才與口才的男性容易討女性的歡心

昔日的文人文屋康秀先生，就是以一首詩博取了小野小町的芳心。小野小町向來都不把男人放在眼裡，是個大美女。由此可知，尤其美女更是難以抵擋男性的風趣與其文采的魅力。

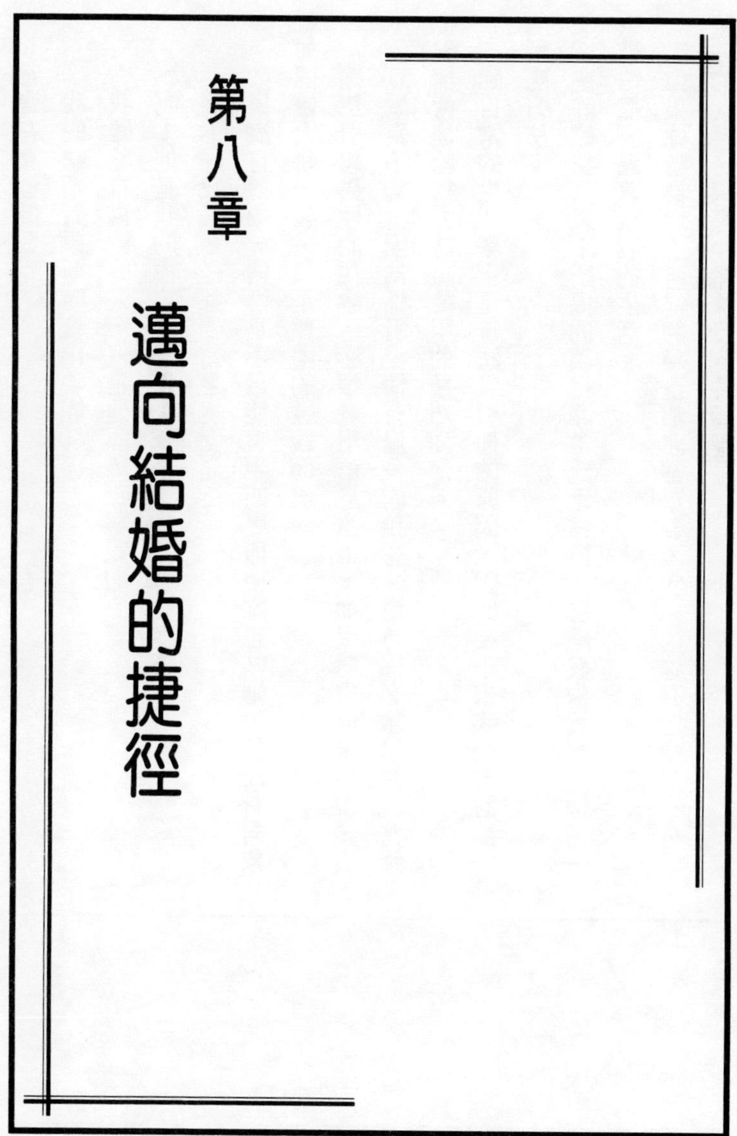

第八章 邁向結婚的捷徑

常會有女性問我：

「我的結婚對象何時會出現呢？」

「我雖然有喜歡的人，但是他並不瞭解我的心意。」

「啊！他是我的白馬王子——」

「搞不好我一輩子都要當老處女了！」

如果沒有對象，結婚是不可能實現的，即使妳想結婚，但沒有對象就如同畫大餅一般，只是夢中的金錢而已。

妳想引起異性的注意，必須發出信息激素，如果對象尚未出現，表示信息激素不夠，因為妳對愛情有過多的預想。這時妳必須檢討，當妳把愛情傳達給對方時，使用的技巧如何。

妳日常的生活舉止是無法吸引他的原因，因此接下來我們要討論一些對應方法。

或許妳認為以下所提的項目非常缺乏常識，那麼我告訴妳，妳這一生恐怕都要過著孤寂的生活。

如果妳認為以下所提的項目都非常重要，我相信妳必定會是十分受歡迎的女性，只是平常未受到注意罷了。

妳不妨由以下項目中選擇一個喜歡的方法，相信妳便能走向結婚最短的捷徑。

124、結婚之道由晨跑開始

雖然妳現在很想結婚，但是對象卻沒有出現，那麼每天早上提早一小時起床吧！每天晨跑二公里，持續三月後試試看。不可思議的，會開始有男性注意妳。

妳之所以交不到男朋友，問題在於妳自己，或許妳因為歌唱得不好，所以不去KTV；或許妳對自己的身材沒有自信，所以不愛打扮；或許妳不太愛講話，會讓人覺得妳不可親近。

基於以上理由，妳只好每天關在房間、那兒也去不成。

交不到男朋友的人，通常因為置於沒有機會交到男友的環境，如果不想辦法打破限制，妳就算翻爛本書也沒有任何幫助。

也許妳會澆自己冷水說：「交個男朋友還要去晨跑，這麼辛苦的事我才不幹！」

＊為何晨跑以神社為目標

神社是磁波聚集的地方，通常，神社都是建在小山丘上，通風良好的地方，即所謂的「穴」。在這種地方休息，會帶來一連串的好運。但是要注意，磁波會受到車子的干擾，因此沒有車子的早晨效果最好。

總之，妳就是去跑跑看吧！保證不久之後妳的活力會如同泉水般源源不絕的湧現出來。

為何不試試看呢？心動不如行動，不過我還有一句話要提醒妳。盡量朝廟宇的方向跑，時間最好在車陣與人潮開始湧現的七點左右，在這個時段最能發揮最大效果。

125、能不能交到男朋友，與容貌無關

能不能交到男朋友，其實與容貌完全無關，妳不要因此而煩惱，這是完全浪費時間與精神的事。

交往男朋友與容貌毫無關係，即使是美人也可能交不到男友，但是有些暴牙的女性卻交到不錯的男友，這豈不是太不可思議了！

但是我不得不說，女性美卻是有絕大的關係。

所謂女性美，其根源在於妳自己希望自己變得漂亮，不管化妝也好，去做整形手術也好，總之是去採取讓自己變漂亮的行動，這種讓自己更美麗的行動就是女性美，不在於心靈而在於行動。

最可怕的是女性的心態問題，她認為女性只要內心美麗即可，外表美不美並不重要而完全捨棄，可是妳並非要與佛像結婚，而是一個活生生的男性啊！

126、當妳開始想瞭解對方時，正是愛情崩壞之時

「我喜歡一個能瞭解我的人！」

也許大部份的女性都贊成這個意見，而且妳希望男性瞭解妳、也希望自己能瞭解他，認為互相瞭解的人才能結婚。

但是，事實上許多交不到男友的女性，她們的問題便在於此。何謂理解呢？妳曾想過嗎？想要完全了解一個人，這是不可能的事。如果妳非要去達成這個不可能，就必須將對方謎題般的分類整理，這是許多男人都無法忍受的心態。

霧裡看花最美，男人的魅力就在於此，將男人分析解剖之後還有何魅力可言？正是這份魅力使得二人可以結合！一旦魅力喪失，戀愛就如同雞肋般索然無味。

所以妳不要奢求男人瞭解妳，也不要奢求去瞭解男人，妳唯一的目標就是去做一個被愛的女人。

如果妳無法區分瞭解與愛情，那麼妳在行為舉止上就無法恰如其份。

127、立即停止！妨礙結婚的三大事項

雖然妳準備結婚，但是目前沒有對象，那麼妳的當務之急就是「盡快找到對象」，其他的事項都不重要。

妳不妨環視妳周圍的繁瑣雜事，並將它們摒除在外，否則妳每天都將陷於瑣碎的事物當中。

以下列舉三項妳必須立即停止的事情。

①停止看電視（西洋電影除外）

電視節目五花八門，但即使是新聞也和妳的結婚無關，只會徒然帶給妳些焦躁感，天氣預報也不需要看，因為它會令妳對天氣的敏感度更為遲鈍。

②停止看報紙

報紙上刊載有關妳結婚的問題嗎？若是妳整天花在看報上，結婚期至少會延遲一年。

③停止寫日記

不要受限於感情式的舒發，請切記現實與幻想有所區別，而且妳也無法防止有人偷看妳的日記。

如果能停止以上三件事情，妳結婚的運氣就會急速上升，但是別告訴妳的朋友，否則反而對妳有害。

128、由關車門的方式看出她是個美人或是令人不快的人

有汽車駕照的人大概都知道，關車門只需一點點力量就可關得很嚴密，當然也需要一點技巧，對於不習慣乘車的人而言，也許使盡吃奶的力氣，門仍沒有關好。

而這種關門的動作卻關係著男性對女性的看法。

即使她是再美麗的女人，男性看到她粗魯的關車門法，也不會有興趣邀約她再一次坐他的車。新車也好，舊車也罷，關車門都應保持安靜，不應用力摔門。

就算妳力量不夠或不懂得關車門的技巧，也應該試著多關幾次，千萬不要用力摔門，因為這可能把妳這段愛情也一起摔掉了。

129、喜歡孩子的女性通常找不到對象？

喜歡小孩的女性通常交不到男朋友。

在電車內或餐廳內，只要看見別人家的小孩就會向他招招手，扮扮鬼臉的女性，通常會錯過婚期。此外，看見路邊的野貓就非常興奮，會抱牠、摸牠或丟東西給牠吃的女性，同樣也不容易結婚。

如果妳有類似的傾向，真是太危險了，請妳在結婚之前要自我約束。

喜歡孩子的女性，通常屬於情感過剩型，而且不是愛情，而是「偏愛」，屬於自我本位的愛情至上主義者。

這種純真無邪的正義之愛，通常會在男女之間產生許多問題，甚至令人產生焦躁感。

當男性體會到這種焦躁感，便會逃離妳。

很辛苦吧！現在起禁止對他人的小孩或小動物寄予任何感情，否則只會有流浪貓、流浪狗理妳而已，妳就成了「貓狗阿姨」囉！

130、攝取促進相逢機會的食物

藉由食物的攝取，可培養與對象相逢之「氣」，生食便可發揮此類威力。

這裡所指的生食是生魚片、蔬菜、水果等。

生肉除外，生肉反而會使妳的體力，氣力衰弱，達到反效果，甚至讓妳有歇斯底里的現象。

只要吃生的食物，近日內他必定會出現在妳的附近。

但是僅限於目前為止從未交過男友的女性，食物內容以通心粉、雞以及薯條等西洋料理為主食，如此一來，不久之後妳的他便會出現。

那些費事的餐點，等到他出現之後再去做吧！現在妳只要以生食為主即可。

絕不會令妳發胖，請放心！同時吃飯與麵包當然會發胖，而妳卻是要減少飯與麵包的食用量，盡量以生食為主。

131、用點演技來抓住男性的心

即使是個美人，如果她總是太認真，男性也會對她缺乏興趣。

假如妳是個很認真的女性，也許在團體之中還好，但只剩你二人相處時，就會變得緊張、不自然，所以妳唯一的方法只有靠演技，因為認真的個性無法矯正。

例如，妳突然拉起他的手，靠在他的胸膛上，對他說：

「我醉了！」

「但是現在我還不想回家！」

或許他此時會顯得不知所措，嘴中喃喃唸著：「真糟糕呀！」其實他正暗自得意，心中盤算著附近有什麼合適的旅館，但是這時妳又突然

＊受女性排擠的女人有男人緣

像林黛玉一般的纖纖弱女子，會讓男性無法抗拒。這類型的女子在女性中，通常會受到排擠。

說：

「我現在想回家了！」

這時妳可以看到他的臉歪曲得同小孩一般，他在近日必會再度約妳，這就是靠演技來抓住男人的心之最佳範例。

132、吃咖喱飯不會遇見妳的對象

許多寂寞單身女子的共通特性，就是非常喜歡吃咖喱飯，一個星期會獨自一人吃上好幾次。

吃咖喱飯可說是交男朋友的天敵，勸妳最好戒掉這個習慣。

為什麼因此會交不到男朋友呢？理由沒有人知道，這是根據來找我商談的女性所歸納出的特色。或許有人對於我如此的推理十分反感，會提出問題說：

「照你這麼說，那麼印度人怎麼辦呢？」

就是有像妳這樣愛強辯的女性，我想這也可能是妳沒有男友的原因之一吧！

喜歡挑人語病的女性，通常也喜歡吃咖喱飯，因此交不到男朋友。
奉勸妳盡量減少吃咖喱飯的次數，相信這必定有其實行的價值。

第九章

依邂逅地點決定結婚與否的選擇

或許我會破壞妳的夢想，但是的確相逢的情況幾乎已經決定結婚的可能性。

完全不相識的兩個人，即使在街道上面對面，這瞬間也不可能談成戀愛，兩人必須有某些共通性，並在互相交談之後才有可能。

這也是人與其他動物相異之處。人的戀愛看起來是本能，但卻是由人為環境所促成的，我們所謂的自然，不再是山、河或海，我們所謂的自然其實是街道。

因為有街道，才可能促成海濱的戀情，才可能促成山頂的甜言蜜語。電車、辦公室、咖啡廳、學校等，都是可以促成自然戀愛的場所。有趣的是，依照你們相遇的環境，可以大致歸納出你們婚前的各種狀況，當然多少會有些不同，每一對戀人都認為自己的戀愛最特別。但是，即使如此還是可以由你們相遇的地點，為你們戀愛的命運分類。

因此，由相會地點來推測有無結婚的可能，是絕對可行的方法，本章將為妳探討這些問題。

妳與他的相逢類似那一個項目呢?為了不要浪費青春，最好先依據相逢的狀況做個抉擇吧!

133、月的圓缺可左右相逢的命運

・新月的相逢→交往順利進行，結婚的可能性大。
・滿月的相逢→衝突不斷，通常以悲劇收場。

或許有人認為以月的圓缺判斷愛情，是一種迷信的論點，但是月亮的形狀是月亮與太陽、地球配列的結果。

新月之日的排列順序是由太陽→月亮→地球，此時的地球處於無壓力狀態，為最能儲存能源的排列，對事物的開始有好的影響。

滿月之日的排列則是太陽→地球→月亮，乃將儲存能源作最大釋出之狀態，是非常興奮的表徵，若在當天提出分手，有可能會見面，此外，有一種占卜的流派認為在當天出生的人較容易離婚或晚婚。

134、在通勤、通學的電車上相逢，戀情容易有成果

在通勤、通學電車上相逢的二人，即使在程度上有所差異，但是彼

＊三角關係

這是我在百貨公司裡算命的插曲。有一天早上，有位高中女生來訪，告訴我她的男友被搶走了。到了晚上，另一位高中女生前來，談到有人介入她的戀情中。但是我看了她的出生日期以後，便知道她就是早上那位女生戀情中的第三者。當她被我說中以後，不禁痛哭失聲。

此的生活環境大都相當類似。

這種相逢方式看似平凡，但約有百分之九十九的人會不敢打破僵局而使戀情無疾而終，所以如果能於電車中成為情侶，大都要感謝偶然的力量。

電車戀愛的特徵是你們一旦開始交談，就立刻會陷入戀愛之中，移動中的戀情通常會在短期之間有結果。

由於彼此的家在同一路線上，定期票可以有效利用，而且迎、送都很方便。

這是一種具備有利條件的戀情。

135、同學間的戀愛，只有百分之一能結合

同學戀愛而結婚者，通常結婚後也不會出席同學會。

一般在戀愛時，彼此都會有所保留而不太願意以真面目示人。

但同學的戀愛是彼此一開始就知道對方真面目，在同一學校的特殊環境中產生戀情，同時會產生奇妙的連帶意識，彼此都無法裝模作樣，

因為裝模作樣會被取笑。

此類戀情唯一的缺點是既不會失望，也缺乏刺激，實在很平淡。

此外，由於二人年齡相差無幾，女性懷孕生子的年齡會配合男性而延後。

已經每天都在開同學會了，相信到了真正同學會時，二人都不會有興趣去參加。

136、辦公室戀情若能保密、便能成功

辦公室戀情通常使用秘密暗號，在人前裝作完全不相識，但是經常用公司內電話以你們才懂的暗語談情說愛。

彼此都知道這是一段平凡的戀愛，但交往時卻相當浪漫，因為你們不想被任何人發現，這段戀情就變得像逃亡者之愛一般。到了下班時間二人便換上另一副面孔，到只有二人知道的地點會合，一起喝著威士忌。

到此為止都不錯，問題在於結婚之後，由於女性對公司內部事情相

當瞭解，男性往往任何事都難以隱藏。

妳要注意的倒不是結婚之後的事，而是有時辦公室戀情不單只是秘密之愛，還可能變成公司內部情報洩露的第三者。

137、師生戀在結婚後便會穩定

我認識一位在女子高中教書的老師，他說男性教師有時也會對女學生動情，但此時因身為教師而不得不抑制自己的性衝動，這真是相當辛苦的行業，他開玩笑地如此說道。不過他還是認為師生之戀，很容易觸犯衆怒。

老師與女學生的戀愛關鍵，在於如何讓自己換上另一身份，以及如何保守秘密。所謂換一種身份，就是讓自己脫下老師的面具而變身為男朋友。

老師雖然會把女學生當作一個女人，但有時女學生卻無法將老師視為男人，而只把他當成偶像。

這一點與同事之間的戀愛關係似是而非，因為老師一旦變成男人，她對他的偶像崇拜便會越來越減少。

如果二人能順利結婚，相信能共組快樂、安定的家庭，但在走向結婚之前卻非常辛苦，許多男性因此而大病一場。

138、朋友介紹的戀情，雙親毫無例外會反對

當妳的朋友介紹男性給妳時，為何毫無例外會遭雙親反對呢?而且反對會一直持續到妳們結婚為止。

妳的朋友會介紹很好的男性給妳嗎?妳不妨由此觀點來考量。如果真的是很不錯的男性，會輪得到妳嗎?不!她自己絕對會捷足先登。

別人介紹給妳的男性，絕對很浪漫，但也幾乎都是沒有自信的男人，說得好聽是和平主義者，說難聽一些則是沒有魅力、只喜歡愛與性的男人而已。

而且關於妳的所有一切，包括妳之前有沒有交往過男朋友，全部都會進入那個男人耳中。

139、婚姻介紹所介紹的男性大都不成熟

妳希望能夠找個成熟穩重、能夠依靠終身的男性，但放眼四周，幾乎都是不成熟的男性，於是妳便到婚姻介紹所登記。

但是妳可能要失望了，因為婚姻介紹所介紹的男性，百分之九十九不成熟，他只會讓妳離結婚更遠。

會到這裡登記的男性，大都是脫離現實、在工作上經常容易被騙的人，或是患有女性恐懼症，連說話都會結結巴巴，所以你們約會的地點不外乎電影院或遊樂園。

但是妳亦不應一直挑剔、責備對方，因為會到這裡登記的女性也大都對男性抱持不信任感。

不妨改變妳自己的想法吧！不要去要求一個完美的既成品，應該用自己的魅力去將男性改造完成，因為男性藉由女性的力量，往往會有驚人改變。

會員No.2695
身高一七九公分，體重六六公斤
從商，三一歲
興趣：兜風、看棒球
備註：稍微有戀母情結的傾向
會員No.4364
身高一七三公分，體重五九公斤
AE，二八歲
興趣：水上滑艇、音樂
備註：有戀母情結的傾向
會員No.5873
身高一七五公分，體重六四公斤
自營業，三二歲
興趣：網球、滑雪
備註：有嚴重戀母情結的傾向
亘緣公司
能不能找到沒有戀母情結的人呢？
很抱歉，這樣的人並沒有登記。
絕對
沒有

140、在文化中心邂逅的戀人，通常以悲劇收場

妳要知道在文化中心相遇的戀人，結局通常以悲劇收場。會去文化中心的男性分為二種，一種以習得某種技能為目的，另一種則是純粹為了打發時間，妳會喜歡的通常是前者。

但是這一型的男性大都相當乖僻，經常會有驚人之舉，正所謂天才與白痴只是一線之隔。

由於你們有相同的興趣，因此一交談便有相見恨晚之感，而立即情投意合，不過不久之後你們便會發現彼此有相當大的差異。

或許彼此會對家世、年齡、職業等都有說謊嫌疑，全部只是一場編織夢境的謊言。

141、海外旅行所發生的戀情，一〇〇%沒有好下場

在結婚之前、內心面臨崩壞之際，下決定到海外旅行，此時相逢的

二人會是怎麼樣的組合呢？

吃東西可以由好吃的開始享用，但戀愛卻非如此，如果二人的戀愛一開始便是最高潮，之後定會後繼乏力。

當你們在威尼斯一面泛舟，一面聆聽日暮鐘聲，內心共鳴之餘，可曾想過回去之後要面對的是蘿蔔乾與納豆的日常生活？當你們浪漫的戀情一接觸到現實的空氣時，繽紛的色彩便會脫落殆盡，就如同羅馬的地下遺跡一般。

人有時需要超脫現實，解放心靈，但是對現實疲倦而解放心靈之時發生的戀情，是不真實的，倒不如讓彼此都維持著美好回憶為佳。

142、在醫院邂逅，出院便會夢醒

這裡所謂的醫院邂逅，是針對訪客及患者而言。

無論妳是患者或訪客，此時邂逅所產生的戀情，大都是妳自己在晚上幻想出來的，因為在醫院只能聊聊天，然後各自帶著微妙的交談回去，在床上默默反芻。

＊算命學校的悲戀

到算命學校上課的人，大都隱瞞自己的生日日期，甚至連本名都不讓別人知道。其中成就了一對情侶，但是最後仍以分手收場。當論及婚嫁而需要知道彼此的八字時，才知道女性隱瞞了十歲，但是女性的說詞是：「他的運勢太差了。」

而破壞戀愛的惡魔，便是二人的夢。

住院會與社會有一定的隔離，是一種令肉體興奮鎮定下來的無菌狀態，連帶也使得精神感覺遲鈍。

出院之後又遭受現實的污染，再見到對方時，夢境便破壞無遺。因此，在出院之後，這段戀情便會有所改變。對方不再是在醫院時自己所看到的對方。在醫院，他是那麼的不凡，一旦出院，才赫然發現他也不過是個凡夫俗子罷了。

143、與店家的戀情女性先後悔

不論餐館或美容院，最初，老板與女性客人的戀情是女方表現得比較積極，但途中也往往女性先抽身而退。

即使兩人結婚，女性也是抱怨過日。

或許婚前妳已經知道丈夫的工作時間較不固定，卻很難想像其所帶來的不自由，如果妳還要幫他顧店，那麼妳就有更多的苦要受了。

此外，妳還得一天二十四小時面對他。

之後，妳可能會要求他放妳一天假，藉此紓解一下身心。

但是，男方也有話要說。

以店家的立場而言，他所要找的結婚對象，絕對不是自己店裡的客人，而以同業為最佳選擇對象，只不過是巧合，他卻選擇客人為自己的結婚對象。畢竟同行的女性較能吃苦，對其事業有所幫助。

144、在餐館的邂逅通常只是短暫的戀情

在餐館的邂逅，通常都只是短暫的戀情，如果在半年內未結婚，則這段戀情可以就此打住，因為它是沒有結果的戀情。

雙方的戀情多半由此而生。

「你常來嗎？」

「是的，我每天來。」

「我也是。」

「我們來的時間不同。」

會話到此，戀愛即成立了。

在餐館邂逅的最大弱點，就在於對方會認為妳不是個正經的女人。

因此，首先你要表現得無比的端莊，最好透過其他的客人在他的面前褒獎妳是個好女孩。如此戀愛才有成功的機會。

但是，婚後的會話往往是：

「妳去收拾一下吧！」

「我不是嫁給你當佣人的！」

「早知道如此……」

為了避免婚姻演變成這種不幸的結果，妳必須要練就一些本領，例如插花、茶道、書道、美容等。

當然，妳需要擁有一些日本式的技能，而並非爵士或網球，要讓男人認為：

「我的眼光果然不錯。」

讓他自認為是個高品味的鑑賞家。

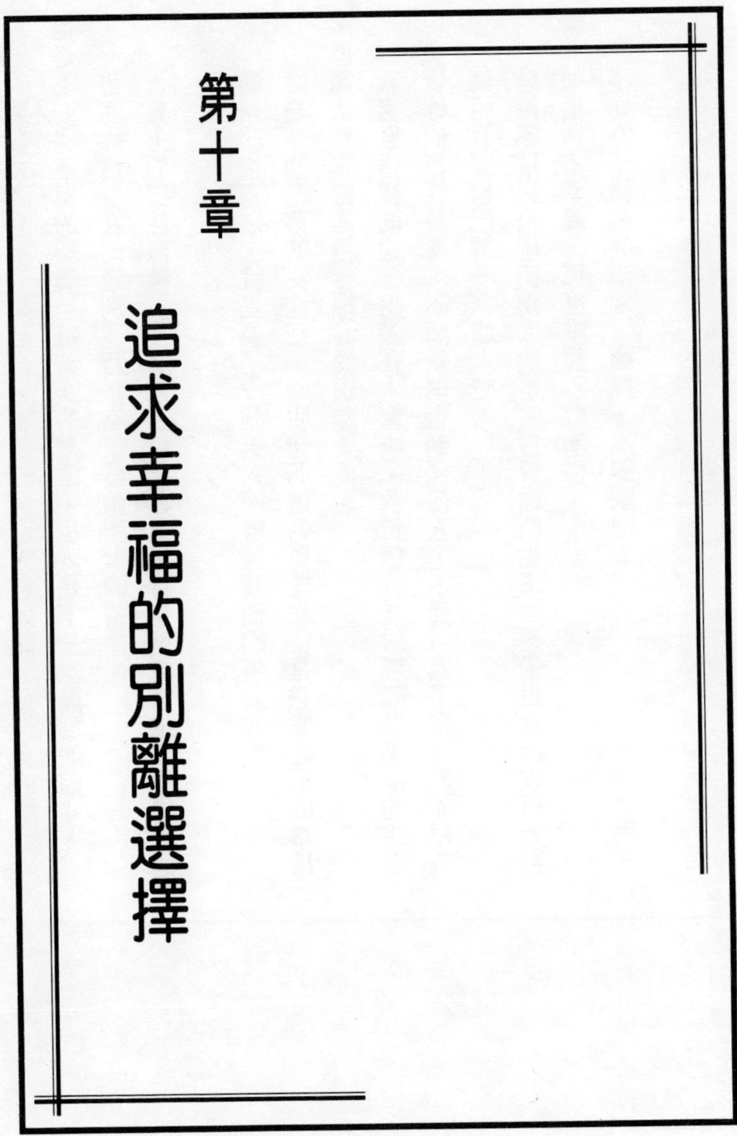

第十章

追求幸福的別離選擇

所謂合久必分，分久必合，戀愛的情形亦是如此，每一次的離別，也是下一次邂逅的契機。這一次的邂逅，也許是下一次離別的前兆。

也許妳這一次的離別，乃是為了結婚所做的選擇。

世界上的男性無數人，而妳卻只能在這個時空選擇一位當成終生的伴侶。

結婚，換言之，就是為了一個男人而離開其他的男人。

妳是一個念舊的女性吧！妳明知與這名男性交往是愚蠢之至的事情，但卻依然有牲犧青春地甘於跟隨著他。

我喜歡這樣的妳，但是在本章中，我希望妳能對別離做果斷的決定。儘管妳的個性敦厚，不願意傷害到任何人，不過，為了自己的幸福著想，就姑且讓自己當一次壞人吧！

結婚不單只是你們兩人的事，對於你們生下的孩子也會造成很大影響，如果妳不幸福，那麼誰都不會幸福。

不妨為了終生的幸福，選擇一次離別吧！

145、再見能為女性帶來財富

在妳的抽屜內是否有準備數個「再見」的字條呢？

「再見」這兩個字，是一對戀人從邂逅到別離的一部戀愛史的濃縮。再見，可說是對真正所愛的人，才所使用的一種特別的語言。是一瓶悲哀的淚的香水。

再見比愛的波動更強，一句再見比你反覆說好幾遍的愛具有更大的震撼力。

女性是有一種殘酷的能力，她能將再見變成一種財富。隨著離別經驗的增多，她更能集魅力於一身。為離別所苦，為絕望所傷心的女性，這時會褪去老舊的肌膚，給自己裏上一層冰清玉潔的肌膚，離別，乃是維納斯送給女性的痛苦美貌之樂。

沒有任何一種色彩能勝過再見的顏色。今夜妳是噴上哪種顏色的再見香水呢？

＊死能解決事情嗎？

有一位女性來訪，她說：「我真是不甘心，我不想活了。我死掉算了。反正我死了，也不會有人為我感到悲傷，甚至教會也無法安慰我。」她曾是虔誠的基督徒。我對她說：「我並不是要阻止妳尋短，如果妳死了，是不是反而令有些人高興呢？」「……。」至今她仍然活得很苦，不過至少她沒有死。

146、離別並非只是為了追求自己個人的幸福

別離並非只是為了追求自己個人的幸福而已。

如果只是為了追求個人的幸福，那麼這個別離將會讓妳產生罪惡感，因此，妳不妨改變個想法。

別離是為了四個人的幸福，分手的你們，重新出發，可以各自去找新的對象。

解除一對的不幸，或許能夠造就幸福的兩對，亦即一個人的別離，能使四個人得到幸福。

因此，別離並非不幸，而是解除不幸迎接幸福的一個手段。眼淚只是結束的表徵。

如果說結婚是為了兩人的幸福而捨棄其他所做的一種儀式，那麼離別也可以說是為了衆人的幸福而必須採取的行動。

147、車站是說再見的最佳地點

人來人往的車站售票處是最好的分手地點，否則不但無法瀟灑地分手，還可能會鬧出人命來。

在車站分手的優點如下：

①短時間內就可以解決。
②此情此境必須克制感情，男人絕不會當衆大聲怒罵。
③遇有萬一時，容易逃脫。
④不易再陷入愛慾的糾葛中。
⑤在車站分手，意味著不再相逢。
⑥引發新戀情（也許旁觀的男人會對妳寄予無限的同情）。

在車站分手也有其缺點，但是因為妳已經決定分手了，就沒必要再深入探討，而且對妳也不再有任何意義了。

＊車站分手的注意事項

如果他的個性純情而固執，在月台分手就很危險。當妳提出分手時，他會非常絕望而把妳推下鐵軌。還有，切記不能在車上提出分手，那也是很危險的。

148、分手時不要說一些傷害對方自尊的話

「即使我死了，愛的仍然是你，只是如果我還留在你身邊，只會害了你。」

「真希望我們能重修舊好。」

「我不希望你為我而改變。」

「真希望能變成合乎你理想中的女人。」

「對不起！我不希望成為被你討厭的人。」

「不！請你不要再說愛我了。」

這都是分手時說的話。

如果在分手時說了一些傷害對方自尊心的話，只是有害而無益。說一些傷感情的話，只會破壞你們以往共有的美好時光，所以在分手時，也要做得很漂亮。

分手是妳的重生之日，並不是愛的喪禮。

嚥下滿腔的恨意，以一些甜言蜜語作為分手的贈禮。

這種表現會使他對妳念念不忘，同時也表現出妳是個成熟的女人。

149、分手時不要遲疑

一旦作了分手的決定時，就不要拖拖拉拉，要盡早離開。趕快動手整理行李走出房間，離開他吧！

「但是，……」

為甚麼還遲疑呢？請妳整理一下思緒。

是否害怕單獨過日子呢？是不是無法忍受寂寞呢？是否害怕單獨過聖誕節呢？是否能馬上交到新男友呢？………

仔細分析之下，是不是發現其中藏了自己優柔寡斷的個性？

一旦有分手的意思，即表示兩人的關係已經無可收拾了。

如果不馬上離開，妳的青春會逐漸地被消磨掉，而終日面對著討厭的他，自己也會越來越討厭自己。

150、婚禮的前一刻還有分手的機會

訂婚後，他會判若二人。原本溫柔的眼神不再，而變成一副現實的嘴臉。

一旦和自己想要的女人訂婚以後，男人就不再用心了。男人會認為不必再擔心別人會搶走自己的女友，這個女人再也逃不出自己的手掌心了，而不再用心。

他會要求妳盡早有做妻子的自覺，很可能會對妳有不合理的要求，甚至毫不在意地在妳的房間中放屁。

當時，也許妳會覺得不舒服，可是還是隱忍下來了。不過這些不舒服可能是日後產生摩擦的原因。

妳要了解到，在未舉行婚禮以前，妳還有選擇的權利，有很多女人在訂婚以後，會和過去的男朋友見個面做個了斷；或是參加「最後一夜的聚會」等等，其實這都是毫無意義的作法。

事實上，直到舉行婚禮的前一刻為止，妳仍然有拒絕這婚約的權利

，並接受另一個好男人的追求。

151、分手時要有經濟作為後盾

打算分手時，妳應該擔心的是經濟問題。

「我個人的收入足以維持生計嗎？」

職業女性會有此顧慮，更遑論無一技之長的女性了。錢可以左右愛情的前途。究竟要速戰速決或採用迂迴戰術呢？這是決定幸福的關鍵。

女性必須有一技之長，這不只是因為金錢是個現實問題，而是同時更能確保純粹的愛情。

「我一個人也可以過活！」

如果妳沒有這樣的自信，就不可能擁有單純的愛，而只是毫無自尊地苟且偷生。

「我和先生分手了。」

身無一技之長的女性提出分手時，通常是因為她有了另一個男人。

＊婚禮一週前的邂逅

有一位已經訂婚的女性，夢想婚後過著甜蜜的婚姻生活。但是最近未婚夫頻頻要求她遵守男方的家規，這種態度令她感到遲疑。這時她哥哥的朋友出現了，這位朋友是前來道賀的。就在這短短的時間內，二人產生了戀情。最頭痛的是她的父母親，但是為了女兒的幸福，也只好硬著頭皮請求退婚了。

也許她從來不曾自覺到，她並非受到男性的吸引，而只是找到另一張長期飯票罷了！

因此要弄清楚自己想要分手的原因。

152、為了擁有自主權，錢包中要有現金！

有的女性習慣讓男性請客，不但身無分文，還大膽地點菜，甚至吃飽後便說：

「謝謝你，再見了！」

連計程車錢還要別人付，飽餐一頓就離開的女性大有人在。

但是男性的本性是，他付出多少就應該得到相對的回饋。他會想盡辦法取回他應有的回報，甚至因而使用繩子、鞭子、錄音帶、錄影機等，也在所不惜。

女性要注意不要錯過了付費的時機，要時時判斷在這時候是否應該奢侈一點？或是應該自己付費呢？

分手時的茶點必要由自己負擔，如果由男性掏腰包，就無法離開了。

由對方付費，就表示妳有順從對方的意思。

如此一來，分手就遙遙無期了，所以不要忘了帶錢包。

153、分手的話語中不要有回覆的話

我住在新宿簡陋的宿舍，鄰居是位女性，有一天晚上，有個中年男性一直敲著她家的門找她，但是她來個相應不理。

第二天早上，我在樓下的垃圾桶中，發現了一張男性的情書。

「因為我愛妳，所以我不還妳鑰匙了。」

不要因為對方苦苦相纏而回心轉意，對方在分手後還電話、情書不斷，但是不要認為這就是愛。

「我想把妳放在我這裡的東西還給妳。」

「我還有些話想要告訴妳。」

像這一類的電話。

以及像這樣的信。

「希妳至少閱讀了這封信，再決定是否要燒掉它。如果再這麼下去

，我會死掉的，我愛妳，至今我仍深深地愛著妳。」

信的內容會充滿了這些話語。

但是妳絕對不能給予任何的答覆。決定分手的那一刻起，對妳而言他已經是個陌生人了。

154、更換電話號碼表明分手的決心

「為甚麼打電話來呢？」

「想了解妳的近況嘛！怎麼樣？新男友如何？」

「不關你的事。」

「下次介紹給我認識吧！」

男人有個習性，就是會打電話給以前的女朋友，他在夜裡獨酌的時候，會突然懷念舊女友的胴體，然而其實只不過是逢場作戲罷了。

有對方分手以後，不妨換個電話號碼並撕毀對方的地址。這麼做就表示斷絕之意，不再有任何的瓜葛，否則很可能會出現藕斷絲連的情形，而影響到未來的生活。

也許妳會有絲毫的留戀之情，但還是展望未來吧！

如果妳不換個新的電話號碼，在妳交了新男朋友的時候，對方還會打電話來騷擾。

155、分手是下定決心改變自己的機會

很多女性在分手的時候，會換個新髮型，這是個很好的構想。

但是現實中的情況是換湯不換藥，下一個對象又是同一類型的男人，真是令人感到懷疑。

「為甚麼出現在我眼前的，都是同一類型的男人呢？難道我是這類型的女人嗎？真討厭。」

其實並非如此，這全是女性自找的。

妳在分手後，仍然對他念念不忘，所以會交上同一類型的男人。

分手是最佳改變自我的機會。妳是不是已經很討厭自己了呢？不妨趁著這時候改變一下自己吧！

妳可以搬新家，或是動整型手術，換份新工作，做任何妳想要做的

＊十年前的他

有些女性為了想要知道過去男友的近況，而前來找我。十年前，他曾經向她求婚而被她拒絕，目前他已經結婚生子了。由於這位女性對現實的不滿，因而一直懷念著過去。她說：「他絕對會為我離婚的，當初他是那麼地愛我。」但是事實上未必如此。

新嘗試。如果只還換個新髮型，終究是不夠徹底的。

156、決定分手後就不能再有肌膚之親

有些情侶在分手時有肌膚之親，而拖延了分手的時間。

一旦決定分手，絕對要避免有肌膚之親，即使是握手也不行。肌膚上的接觸是超乎想像的，因為身體會誘導心靈，只有道行高深的和尚，才能夠以心靈控制身體。

心是身體的一部分，如果一直與他保持親密關係，心就會離不開他。

如果分手成為肌膚之親的藉口，以後也許會發展為聖誕夜，或是慶典以後，或是波斯菊散落時，乃至彼此的生日等等，幾乎每一天都可以作為親密接觸的理由和藉口了。

但是每一次的親密接觸都會在妳的身上烙下印痕，而使妳倆的關係拖泥帶水，無法了斷。

157、為了忘記他必須告訴自己「寬恕他」

人生最大的幸福莫過於和自己所愛的人結婚。有很多人受到命運的捉弄，最終無法結成連理。

有些女性卻無法如願，而嫁給了別的男人，但是對舊情人卻念念不忘。

這些女性沉醉在以往美好的時光中，而無法自拔。

但是絕對要避免追憶往事，不要活在過去的記憶中。不要再呼喚他的名字了。徹徹底底地忘了對方，否則永遠追求不到屬於自己的幸福。

「寬恕他！」

為了忘掉他，要清清楚楚地這麼告訴自己。

無法原諒他，就會無法忘記他。因此不妨每天撥出五分鐘，告訴自己原諒他。每個月都要撥出一天來忘記他。

「雖然他因為懦弱而放棄了我，然而他曾寫了歌送給我，帶我遊車河，我已經原諒他了。而且現在的我非常好，也很幸福……。」

＊所愛的人就要結婚了

有一位結婚五年，已有小孩的太太前來找我。她說：「當時我們雖然彼此相愛，卻因父母親的反對而分開了。現在我知道他即將結婚了，不過我真的很想見他一面。」我告訴她：「妳可以見他，甚至擁抱他。但是妳要知道，並非只有妳才能夠擁有這份回憶。

包容忘卻以往的點點滴滴與共度的時光吧！唯有如此，才能夠作徹底的了斷。

158、不提分手為上策的情況

遇到以下的情況時，延期提出分手是比較明智的作法。

①對方生病時即使他罹患了精神疾病，也不適合提出分手。如果在這時提出分手，會成為衆矢之的，而本身甚至會因為罪惡感而病倒，乃至造成生活窮困。

②對方遭遇挫折時要在他再度站起來時，才能夠提出分手，否則一生都會背負落井下石的罪惡感，所以要見機行事。

③生產前後↓生產前後的精神狀況較不穩定，無法作出正確的判斷，所以最好是先回娘家住一陣子，直到生理恢復後，再作考慮。

④當妳有外遇時↓外遇常常是為了抓住青春的尾巴所作的一番掙扎，所以即使在這時候與對方分手，外遇的對象也不可能會與妳結婚。

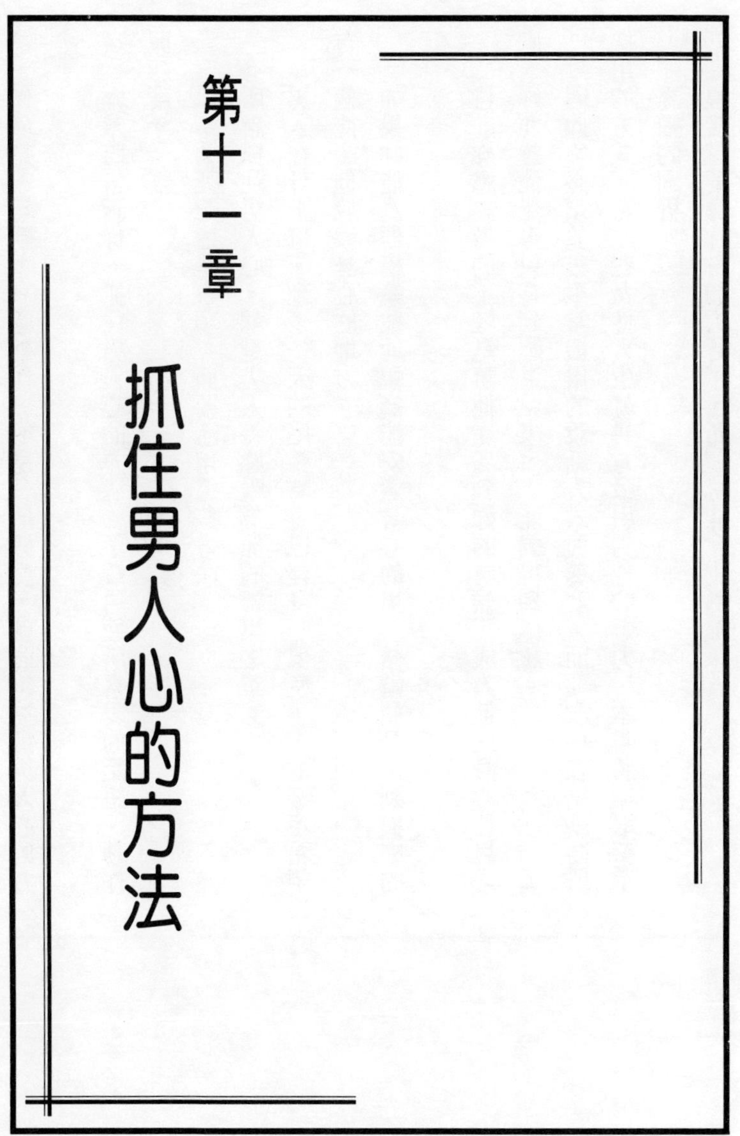

第十一章

抓住男人心的方法

僅僅是一句話，一個動作，或是一種態度，就能夠擄獲男人心的方法。

本章將告訴你，抓住男人心的方法。了解男性所喜愛的話語、動作與態度。

但不要死記這些事項，而要活用這些方法。

所謂抓住男人心，就是男人將妳視為他的歸巢之意。

男人在外上班，到了一天的尾聲時，已經身心俱疲了，他必定希望有一個能讓他放鬆身心的地方。

如果妳能為他構築被他視為能安適身心的巢，結婚便是手到擒來的事了。

目前妳應該做的，就是讓他在遇到妳的時候，成為他的身心休息之處。妳要讓他覺得只有到妳這兒來，才能夠得到休憩。

因此妳必須放棄平常慣用的說話方式與態度，而要改採在結婚時所採用的方式。有一些女性天生就具有吸引男性的魅力，本章將擷取菁華，作詳細的剖析。

最後就要靠妳身體力行了，希望妳能拿出勇氣來。

159、電梯中的一剎那能產生意外的效果

一般人都不太能適應有如電梯一般，作上下移動的乘載工具，所以會因緊張而保持沉默。

電梯貫穿各樓層，成為公司中奇妙的處所。

偶然的邂逅是千載難逢的機會。公司中的電梯是少數能讓彼此私下接觸的場所之一。要善加利用這場所。

當妳和心儀的對象搭乘同一電梯時，一定要利用這機會來試探對方。這時，妳要站在他前面，背對著他，讓他能把視線從妳漂亮的頭髮，一直瀏覽到妳潔白的頸部。

這次的機會只有三十秒鐘。妳要在短短的三十秒鐘內，建立起他對妳的印象。接著，妳要含羞帶怯地向他打招呼，這是剎那間所要做的事。

走出電梯時，要似有似無地回顧他，留下微妙的餘韻，這將產生意外的效果。妳熟悉這些動作後，便能夠在電梯上下運動的不安狀況下，醞釀出動人魂魄的戀情來。

＊促進彼此親密度的方法

除了電梯以外，能夠增進彼此親密度的情境，如潛水、滑雪、共乘腳踏車、遊樂園的摩天輪、社交舞等。這些都是在不安定的狀況下，能夠讓彼此產生互相支援的關係，藉此使彼此更加親密。

160、隔天送禮的心理作戰

男性也會希望收到女性的禮物，例如：在情人節時，男性都會有很大的壓力。因此有些男性會在事先悄悄地為自己準備巧克力，藏在自己的櫃子中。

「啊！你們看！」

故作驚喜狀，讓人以為他收到禮物。

總之，男性渴望女性重視他，猶如在沙漠中尋找甘露一般。收到禮物時，他會得意洋洋地把禮物放入皮包中，並且不時探看皮包中的禮物，坐在電車中時，會打開皮包看一眼。上小酒店喝酒時，會漫不經心地拿出來展示一番。故意板著一張撲克牌臉孔，把禮物丟出來，或是任意地撕開包裝紙，而以此為榮。

為甚麼要選在對方生日的隔天送禮呢？這主要是針對男人心理的作戰策略。當他感到全然絕望的隔天下午，在無人的走廊上，悄悄地把禮物遞給他吧！

161、製造屬於二人的秘密

一般而言，有點小聰明的女性容易受到男性的歡迎。例如：對方沒有收據而她卻讓他支領交通費的女會計會深受男性喜愛。

這種女性很快地就會有男人拜倒其石榴裙下，男人是絕對不會放過這種對象的。戀愛與犯罪只有一紙之隔，或是甚至混為一談的。無論戀愛或犯罪，都具有祕密的意味，此為其共通點。

因此兩人之間有了秘密以後，對彼此而言，即是戀愛，也是犯罪。

這令我想起高中時代的事。某個夏天的晚上，我和朋友的情人偷偷地潛入校舍，在夜色下游泳。月光下水波蕩漾，激起的水花在月光中消失的景象，使身體為之一酥。這是我初次嘗到秘密所帶來的刺激感。

162、捏造一個不幸的身世

男性也有父性。

母性有保護、包容的傾向，而父性則有彌補不足的本能。

利用這一點，就能夠輕易地抓住他的心。

二個姿色相當，條件不相上下的女人讓男人選時，他一會選擇身世比較不幸的女人。

例如：養女，或是由單親撫養長大，或是出身貧困家庭，雙親有暴力傾向，或是雙親因工經常搬家，而沒有朋友的女性等等。

在這些女性面前，即使是美女也會被比下去，如果妳感到懷疑，那麼不妨試一試，這方法屢試不爽。

163、學習一、二道拿手菜，捉住他的胃

戀愛的傷痛和味覺，是令人難以忘懷的。

享用一些山珍海味的時候，其美味會令人久久不忘。

齒頰留香的記憶依然，味覺的感受卻不再。

直到有一天再到那家餐館，吃了相同的一道菜。

「就是這味道！」

＊男性對千金小姐抱持敬而遠之的態度

男性對於有錢、有品味的女性，以及才女，通常都只有仰慕之心而已，反而會對出身平凡，楚楚可憐的女性產生真正的愛情。男性雖然仰慕有如女強人一般的女性，但是這種仰慕與殘忍的衝動只是一紙之隔；對於後者卻能夠擁有真正的愛情。

不禁會拍案叫絕。如果吃過美味的食物，往往會想再吃一次。這種誘惑非筆墨所難以形容，而戀愛與味覺有異曲同工之妙。

因此無論如何，妳要學會幾道拿手菜。

這麼一來，他記憶中的美味會有妳的倩影。

164、男人絕對忘不了被看護的情景

看護是一種催眠術。妳在看護他的時候，他就已經被妳所催眠了。

生病時，會因為發燒、頭暈、疼痛，而喪失了平時的思考能力，無法產生問題或拒絕等的防衛本能。對於來自外界的刺激，猶如嬰兒一般毫無抵抗的能力。

當他迷糊地張開眼睛時，妳就在他的身邊。他從惡夢中驚醒時，妳的微笑會令他感到安心。妳的聲音、味道、觸感會令他無法忘懷，深深地在他的腦海中。

在他接觸其他女人的時候，這些資料會產生催眠效果，很自然地會使他想要回到妳的身邊。

看護他的時候，要把他塑造成等妳等得不耐煩的人。

如果他不和妳結婚，將來會後悔一輩子。直到步入老年以後，終究還是要回頭來找妳。

165、掌握男人的弱點，接聽電話的方法

好女人的電話，總還會在八點鐘到十二點鐘佔線，怎麼打也打不通。男人是不會死心的，而會毫不氣餒地撥電話。當他把所有的憧憬都

＊親手製作的巧克力令人畏懼

打開魔女的書，會教導妳一個方法，那就是若要男人忠於妳，就要在食物中擠入妳生理的鮮血。在情人節將近時，我會把這句話送給前來諮商的女性。但是同時我也會忠告前來講習的男士們，絕對不能要她們親手製作的巧克力。

放在這一通電話上的時候，這通電話的價值非比尋常。留下電話號碼給他的同一天，必須設法在某一段時間，使電話無法接通。

這麼做需要小小的勇氣，最好的時段應該設在十點鐘至十二點鐘的黃金時段。最後他會感到不耐煩，而幾乎喪失了理智。大約凌晨一點鐘的時候，一定會接到他有如喃喃自語在說話的電話。

「我想約妳碰個面，不知道妳星期一有空嗎？」

其實他本來想要約在星期五晚上，但是他似乎已經變得不太有自信了。這時就是妳說話的時候了。

「為甚麼沒打電話給我呢？我一直在等你的電話呢！星期一不行，星期天晚上可以嗎？」

太空閒的女人是不會受到邀約的，利用一點小小的技巧，就能夠提高自己的價值。

166、把寵物託給他看管

心儀的男人出現在眼前時，不妨採取託管寵物戰術。

「我只信得過你，拜託啦！」

不要認為自己在麻煩他，而要以半強迫的態度把寵物交託給他。

找藉口時要注意，不要扯得太離譜，如：雙親喪禮等等。託管寵物並非妳的目的，而是作為與他交往的手段。

託管寵物會令他產生一種奇妙的錯覺，就好像在看管妳的部份身體一般，當他看到寵物時，就會聯想到妳。

因此當他鬆一口氣，把寵物安然地交還給妳時，他的內心會產生空虛感，毫無疑問地就是愛情。

寵物具有肉體關係的作用，他會把妳和寵物之間畫上等號。

167、高壓式的女性會使男人敬而遠之

有些女性好與人爭辯，好像不唱反調就全身不舒暢地。這一類採高壓態度的女性，認為有話就說，一定要一吐為快。

這種女性談戀愛時，一旦她說：

「我已不再與他爭辯了。」

＊以約會的時間來判斷二人的關係

如果二人的約會是在星期五、六、日，那麼妳們是一對戀人。若是在星期一、二約會，則大都是外遇關係。若是在星期三、四約會，則是第二個考慮的對象，或是正在進行中的一對。

等到她覺得有點不好意思的時候，為時已晚矣。

愛唱反調的女性會讓男人怯步。

反之，男性看到女性受到欺負時，就會產生一種想要幫助對方的衝動。甚至不問原由的，就想要替她出氣。

「有甚麼事，要說出來呀！如果不說我就無法了解。」

「算了，事情過去就算了。」

「我去替妳說好嗎？」

「不必麻煩你了，不過我很謝謝你。你這麼維護我，真是令我感到高興。」

這麼做最好。其實女性不說話時，反而能捉住男人的心。

妳不多作辯解時，男人會很樂意地為妳仗義執言。

168、稱讚男人的性能力

男性做愛並非只是為了滿足性慾而已，而是同性之間的一種競爭意識，以及希望把自己烙印在女性的記憶中。

因此他會在事後，喘氣連連地追問妳：「怎麼樣？怎麼樣？」一心想要知道妳對他的感想。這時，妳要緊抓著機會來掌握男人心。

「很好。」這樣的回答太平凡了。

在此，舉出四種稱讚男人的例子。

①很粗

②很黑

③很大

④很堅實

這都是能取悅男人的話，但若出自女性口中，又稍嫌不雅。因此，受歡迎的女性會把以上的話語溶入日常生活的會話中，有意無意地說出來。

「你粗壯的膽量是無人能比的。」

「是不是曬黑了？這麼黑看來真是魁梧。」

「像你度量這麼大的人，受到你的保護真是讓我感到很有安全感。」

「沒想到你這麼有原則，希望我將來遇到的對象也能像你這麼堅持到底……。」

＊想要了解男人一切的女性

有些女性想要了解男人，因此經常會妄下斷語，例如：「他就是那一類型的男人。」「這類型的男人很霸道。」「這種男人就是這副德性啊！」這類型的就像是剛拿到駕駛執照，就想要開車的人一樣，是非常危險的。她們對於男人只有片面的了解，反而會讓男人認為是缺乏口德的強悍女性。

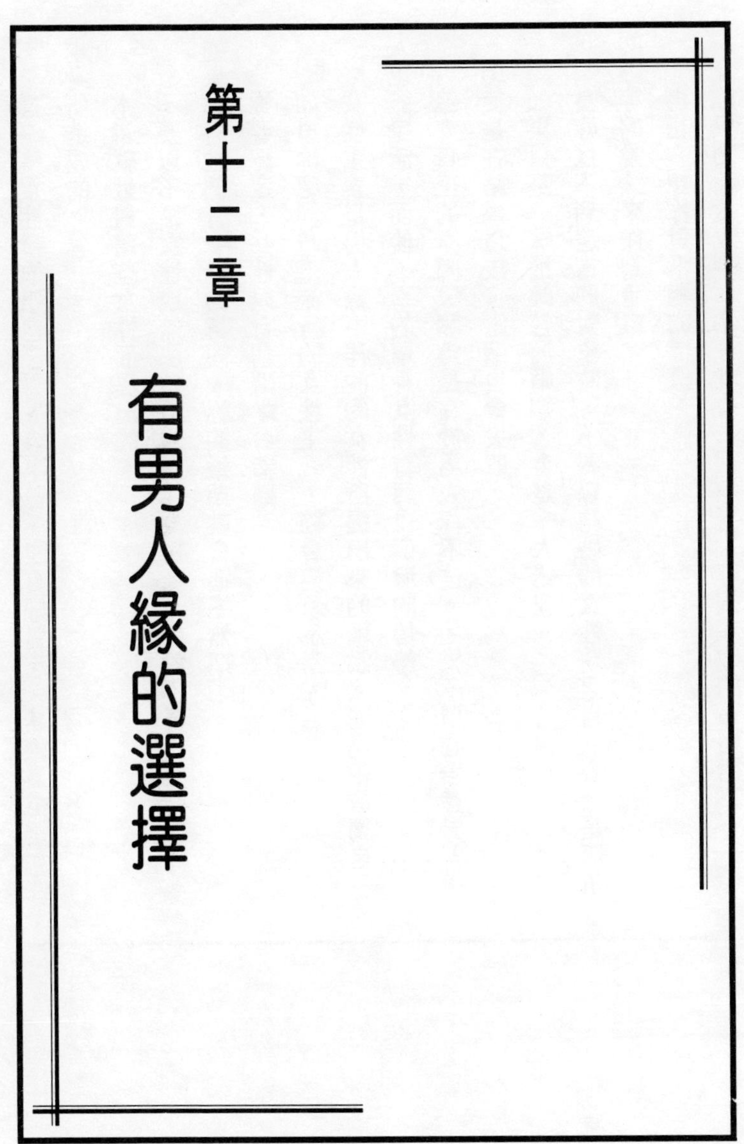

第十二章 有男人緣的選擇

有一些女性會抱怨自己男人緣不佳，沒有好對象。其實這全是女性本身所造成的。

本章就針對這些女性而提出的。

不要以不婚女性或無法結婚的女性為榜樣，絕對不要向她們看齊。如果妳對她們有一絲的認同，妳的婚期就會遙遙無期了。

妳要認定，女性只有結婚才會幸福。

如果妳認同時下流行的女性主義，終會招致不幸。

女性主義是男人緣不佳的的女性所提出來的學說。因為相信獨自一人也能過活，而使不幸的單身女性有與日俱增的趨勢。

追究真正的原因，關鍵是在於男人緣不佳。如果不用心培養男人緣，即使是在結婚以後，婚姻也會失敗。

如果只是一味地歸咎於婚姻，會是一大錯誤。

當妳找不到適當的對象時，不要以結婚的女性缺乏自立心，是落伍的等等的說法來作為藉口。

再想一想妳對婚姻的憧憬。

妳只要稍微改變作法，就會有很多男人拜倒在妳的石榴裙下。

169、「嗯」的回答是帶來不幸的毒藥

每當妳回應一聲「嗯」，等於是吞下一顆遠離結婚的藥丸。

「怎麼啦？妳今天看起來真漂亮啊！」

「嗯！」

「妳會喝酒嗎？」

「嗯！」

男人在追求女性以前，都會先行試探。與他談話時，必須要使話題能夠持續下去。

「你的嘴巴真甜，但是我還是很高興，你不會對個人都這麼說吧？」

「喝酒嗎？喝葡萄酒的話沒問題，但是我喝醉時就會哭。」

有一些女性更離譜，即使男性提出邀約，邀她去海水浴場、兜風、滑雪，她還是笑笑地「嗯」呢！

妳在應對時，要含羞帶怯。同時也要了解到，男性在提出邀約時，是鼓起了很大的勇氣。

如果只回一聲「嗯」，會讓他覺得備受侮辱。

170、太時髦的女性讓男人怯步

缺乏結婚緣的女性的共通點，就是過分時髦的妝扮。

這些女性的妝扮猶如服雜誌上的模特兒，言談舉止完全合乎禮儀細節。這種追求流行的女性，會令男人感到膽怯。

「你和我走在一起，必須要能配得上我，你就像是我的飾品一樣。」男性會感到一種壓迫感。

這一類的女性一邊閒談，一邊暗暗估量男性身上服飾的價錢，會令男性受不了，而對她們敬而遠之。

不知道她們從哪裡學來的知識，為了使男人發情，而穿惹火的紅色洋裝。

男性和這種女性並肩走在一起時，會覺很有壓迫感，紅色會使男性發情，同時也會使他們產生戒心。

因此，在剛開始交往時，穿著得庸俗一些，反而能讓男性產生一種安全感。

171、呼叫器會令他意識到有其他男性的存在

妳的皮包裡是不是有呼叫器呢？這就是導致男人緣不佳的原因。

在別人面前，呼叫器的響聲會為妳帶來一種優越感，但是和他在一起時，卻會造成反效果。

呼叫器的響聲會打斷談話，讓男性產生厭惡感，而意識到妳是不是有其他的男友，以致破壞原本和諧的氣氛。

即使呼叫妳的是女性朋友，也一樣會產生反效果。這會讓他覺得，妳和他在一起只是為了打發時間而已。

也不能一邊打電腦一邊與他聊天，不要以為他會聽不到，其實會聽得很清楚。男性擁有強烈的自尊心，認為自己是很特別的，打電腦的聲音，會傷到他的自尊心。

「這樣的女人被三振出局了。」

因為男人甚至會為了自尊而賠上生命。

＊有人CALL我，我很幸福？

呼叫器是測定孤獨的測定器。有一位女大學生拜託我：「明天十二點請妳CALL我，我的一生就決定在此了，拜託！」她的拜託我無法拒絕。但是我知道當時她應該在和朋友共用午餐的，而問她原由，她說：「我希望在衆人面前呼叫器響起，讓人覺得我很幸福。」

172、男友太多而不會出現意中人

男友太多並不一定會提高妳的眼光，而妳看上的對象卻無法保證對方會愛妳。妳可能會把身邊的男友分成不可能成為情人的；可能成情人的，以及他不會把妳當做情人的男友。但是問題是，妳要到何時才能挑中一個白馬王子呢？

當妳被大群的男人所包圍時，反而會使妳的眼光退化。說句老實話，如果妳不脫去妳偽裝的外表，那麼妳就無法交到適合的男人，而每天看著舊的電話冊過日子。

173、男性會觀察妳應對老人的態度

男人不會挑選斤斤計較的女人作為結婚的對象。

他寧願選擇心地善良，雖然有時會吃點小虧的女性作為伴侶。只要是個本性善良的女子就可以了。

結婚前，一旦覺得他可能會成為教育媽媽，一個斤斤計較的主婦，那麼他會臨陣脫逃。

即使是個條件差的男人，也會選擇有女人味的女性為對象。例如：暴力組織、黑手黨中的男人，他們所選擇的女人更具象徵性。

然而男性是如何挑選的呢？妳對待老人的態度，就是觀察的重點之一。有老人向妳問路時，妳要以和善的態度來告訴對方，而在老人頻頻道謝的時候，妳要耐心地聽他道謝，並且要隨時注意其動作。

早上時分，在擁擠的通勤電車上，有老年人站在妳的座位旁時，不要忘了和顏悅色地讓位。

「這麼擠了還上來哪！死老太婆。」

當妳的心裡這麼想的時候，眼神中就會流露出這種態度。

日常生活中的芝麻小事，是掌握著是否結婚的關鍵。

174、才氣洋溢的女性是衆矢之的

有些女性會被冠上「索邦大學」的綽號。

那是因為她畢業於這所大學，而在辦公時，經常會看著法國地圖，當她看著地圖時，即使沒有人問她，她也會不由自主地嘆息說：「巴黎實在是沒話說。」

她經常會裝出一副很有學問的樣子，所以同事們都很反感。即使是她抬頭挺胸走路的姿勢，也會被批評得體無完膚。

不論是個真才女或冒牌貨，都會受到同性和異性的批評。

男性只有在遇到可愛的女人、不如他的女人，以及有點缺憾的女人時，才會產生愛意，對於才女則敬而遠之，因為才女不需要他的支持，也能度過一生。

所以才女和有如才女一般的女性，沒有男人緣的原因就在於此。

即使妳是個才女，也要表現出一副大智若愚的樣子！

175、妳認為表現肉體魅力是罪惡的嗎？

妳認為散發出肉體的魅力，而引起男性的關注是罪惡的行為嗎？如果妳認為如此，那麼妳只好去當尼姑了。

＊有才氣的女性通常晚年會很孤獨

通常受女性欣賞的才女，會令男人感到頭痛，她們的才華會讓男人受不了。尤其是凡事喜歡追根究柢的女性，更是會識破男性的謊言。經常破壞約會的氣氛與機會，因此她們的晚年多半是很孤獨的。

麻理小姐平日上班的時候，都戴著厚重的眼鏡，常作古板而樸實的妝扮。但是自從她參加公司員工旅行期間，穿著能顯露姣好身材的泳裝以後，就成為公司中最受歡迎的女性。

不久以後，就傳出了她的婚訊。每到夏季時，我都會想起她那動人的身材。

也許妳會不以為然，認為不需以美色誘人。但是即使妳對自己的身材沒有太大的自信，只要三圍在平均水準以上，為甚麼不在適當的時機展示一下呢？

不妨一週一次，或是一個月二次，換上流行耀眼的服飾，讓人耳目一新。如此實行幾次以後，妳的行情會馬上看漲，成為男人行注目禮的焦點。

176、雙親是姻緣的絆腳石

有時候，女性的婚姻姻緣較晚，是雙親所造成的。尤其是單親家庭，或是雙親都是老師的女性特別容易晚婚。

當然也有例外的情形，有些單親家庭的女性反而早婚。但是以一般的情形而言，單親家庭的女性對婚姻抱有恐懼感。

也許是受到家庭環境的影響，這些女性認為自己的婚姻應該也不會幸福，終會面臨離婚的命運。

雙親都是老師的女性，常會受到錯誤道德觀的影響，而認為婚姻是非常嚴肅的戒律生活。

這時候，妳應該告訴自己，不同的人有不同的人生，父母親的意見僅作為參考而已。

如果妳想要構築幸福的婚姻，想和自己所愛的人長相廝守，那麼妳就有資格追求妳的幸福，他人的意見僅供作為參考。

177、只與年紀大者交往容易造成晚婚

如果妳只和年紀大的男性交往，最後會使妳晚婚。

和年紀大的男性交往以後，妳會覺年輕的男性非常幼稚。

「年輕小伙子不足以信賴。」

妳會在不知不覺中把他們與年紀大的男性相比。當然會鄙夷年輕男性的幼稚。

不過，如果妳要去滑雪或海水浴場時，妳會找年紀大的人一起去嗎？畢竟是年輕的男性較合適吧！到餐廳去用餐的時候，當然另當別論。但是外出遊玩的時候，當然是年輕的男性會比挺著啤酒肚的老年人看來順眼多了。

如果和年紀大的人交往，當然他們會對妳寵愛有加，而使妳更加任性，只知道享受美好的事物。

如果無法捨棄這種生活，只好眼看著成為老處女的日子一日逼近一日，等妳到了四十歲，即使想要回頭找年輕的男性，他們也不會對妳有興趣；而妳能交往的對象，也只剩下四十歲以上的人。

178、迷信算命的女性缺乏緣分

迷信算命的女性都缺乏婚嫁。如果妳深信算命能算出妳的白馬王子來，就不可能結婚。

＊黃昏之戀

一位六十歲的女性因為常被一位七十五歲的男人所糾纏，而前來找我商量。目前她正在和養老院中的一位七十三歲男性交往，這令那位七十五歲的男人吃醋，每當他們在河邊散步約會時，他總是對他們丟橡皮筋。老人的戀情有時是很悲哀的。

實際上，大多數的女算命師大都遲遲未婚，而她們之所以無法得到幸福，就是因為太過相信算命了。她們相信能藉由算命尋找到意中人和最好的婚期，而卻不相信男性。

任何精密的算命即使組合了數十萬個案例，也無法追趕得上人類的數目，因為妳所戀愛結婚的對象是獨一無二的。如果妳相信算命甚於自己的眼光，只會耽誤了婚期而已。

算命並無不好，然而也只能算出衆多模式中的其中一個而已，而不是妳本身。

不要相信算命，妳應該多多相信妳的選擇。

（切記，算命並非統計學，但是大多數的算命師卻認為算命是統計學。）

179、不以處女為恥！

到了二十三歲還是處女與所謂的處女情緒，形成了缺乏男性緣的情形。事實上，四十歲以上的處女人數正在增加中。

＊生辰年月日相同的解釋

如果把算命看成是統計學，那麼同年同月同日生的人，在各方面的表現都應該是一致的。但是算命並非統計學。兩個淫亂型的人，其命運會因環境的差別而有差異，淫亂的原因也不一樣，在溫室中長大的女孩，一旦出現淫亂的行為，則可以懷疑起因在於對男性的恐懼症。

不要以作為處女為恥，其實在性氾濫的今日，男人認為處女是非常難得。一些週刊雜誌中，大肆報導保有處女身是落伍的作法，因而有些女孩子在初潮時，就趕著去嘗試性經驗，深怕自己會落伍似地，事後卻後悔了。不過事後後悔也來不及了，其實男性的內心深處，仍然在尋覓處女。

雖然男人的嘴巴不說出來，但是在他們的心中總是希望對方是處女，畢竟新車總比中古車好，而處女也一定會比性開放的女性來得好。

如果妳是處女，應該要充滿自信，不要認為自己是落伍的。週刊雜誌上的處女落伍說，只不過是壞男人的詭計罷了！

180、男人很在意女性的體臭

溫柔美麗的女性是男人心目中的理想對象。

但是有些女性雖然擁有這樣的條件，卻仍雲英未嫁。這時，就要確認一下自己的體味，如果在發生一次關係以後，對方就棄妳而去，那妳更應該要檢查自己是否有令人不適的體味了。

口臭、狐臭都是會令人介意的味道，此外，例如：頭髮、耳朵、鼻頭、肚臍、生理期前後的味道，以及性交時所散發的味道等等，也是必須注意的重點。

妳需要盡快找到適合妳的古龍水或洗髮精。女性使用香水，是因為香水與體臭混合以後，會散發出一種紓解男人心房的味道。

「味道真好……。」

當他與妳調情，而把臉埋入妳的胸前或靠在妳的耳邊時，就會產生這種讚嘆。

但是，必須要注意味道不可太強。妳的言談舉止中，散發出淡淡的猶如曬乾後的香草味，最能夠吸引男性。

此外，房間裡的味道也很重要，當他到妳的房間時，十秒鐘內就決定了妳的命運。

「味道真好，讓人覺得一進來就很安適呢！」

如果他有這種感覺，那就太好了。因為妳已經抓住他的心了，因此平時就要在房間內準備有香味的花，或是會散發出薰香味的東西，男性雖然粗線條，對於味道卻是非常敏感的。

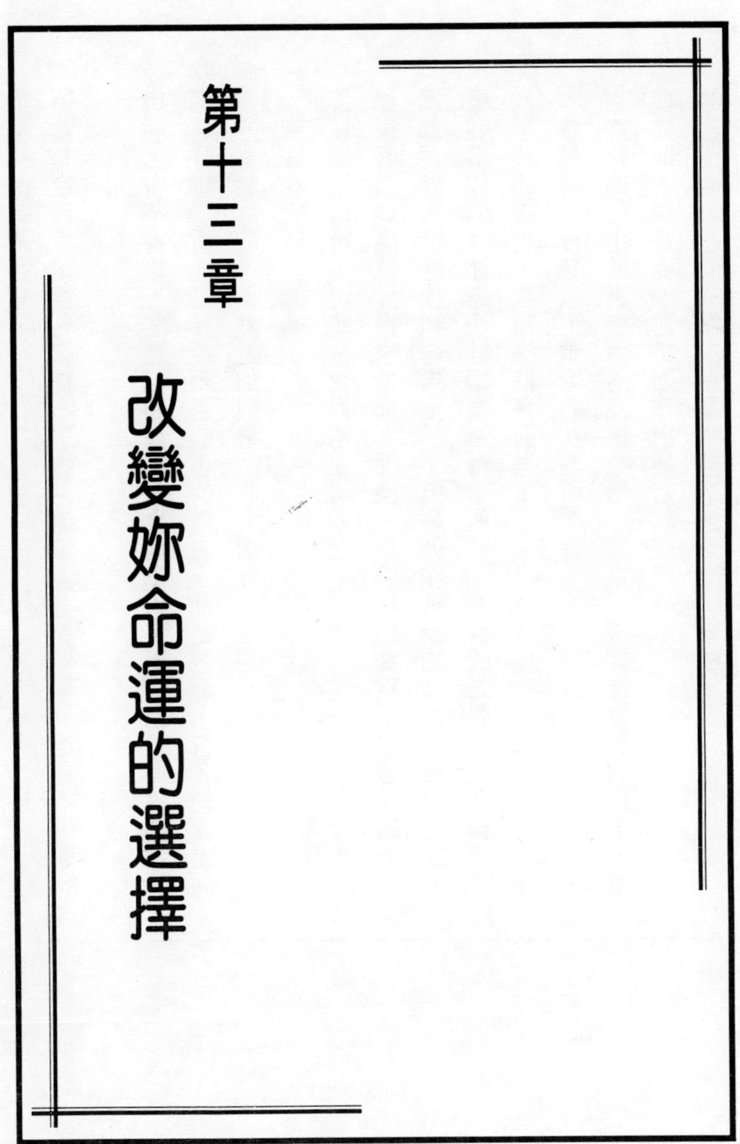

第十三章

改變妳命運的選擇

人類生來就不平等。

不論是家世、美貌、體質、才能、運氣各方面等等，都是不平等的。

市面上有些書籍，字裡行間流露出生而為人，機會都是均等的說法。然而再仔細一看，就會發現這些書的作者，都是社會上有名的人士，因此這些書教妳的，不外是如何努力的大道理。

「到底在說些甚麼嘛！」

妳在閱讀以後，可能會覺得不知所云吧！

如果努力與謹慎能換來幸福，那麼一切的付出是算不了甚麼的。

本章是針對已經找到白馬王子，但是仍在猶疑的女性而提出建議。

像我這樣的女性適合結婚嗎？會幸福嗎？我會成為對方的負擔嗎？也許為了彼此著想，我應該抽身而退……。

本章是為了擁有以上煩惱的女性所準備。

也許妳的付出並沒有獲得應得收穫，經常過著捉襟見肘的日子，但是即使如此，還是要面對婚姻作出適當的決定。

請妳正視自己的缺點，這是生存下去的唯一方法。

妳不必反省，不要追悔過去，只有修正軌道才能得到幸福。

181、如果妳不能生育

他知道妳不能生育嗎？

如果他事前就知道，依然向妳求婚，那麼妳不需要再猶疑了。他就是妳託付終生的對象。

即使衆叛親離，妳也要嫁給他。命運是會隨著結婚而改變的。沒有小孩子的家庭會很寂寞，日子會很無聊，而且妳會經常自怨自艾。然而只要領養小孩，就可以彌補這方面的缺憾。而且不只是可以領養一個，甚至還可以領養更多的小孩。

在這地球上，有許多需要妳的愛的小孩，他們可能正在等待妳的領養。

如果妳無法生育，但是又充滿著母愛，那麼為甚麼不把妳的愛分給他呢？也許老天不讓妳生育，是為了要讓妳去照顧他們。開創妳幸福的婚姻吧！

＊因為我是污穢的女人

有些女性自覺污穢而沒有結婚的念頭，通常我會問這些女性：「妳真的這麼認為嗎？要不要再考慮一下，也許是因為其他的理由，而讓妳不想結婚。」「是的，他和一位年輕的女性相親，我想我們之間已經不可能……。」「妳看吧！對方並不是因為妳是個污穢的女人，而不想娶妳……。」

182、如果妳是獨生女，就要大膽地決定

妳是獨生女，為了繼承家業必須招贅，結果妳忍痛放棄了意中人，而斷送了大好的幸福。

如果妳願意聽憑雙親作主，而相親結婚，自然無話可說。但若妳希望戀愛結婚，認為：

「我要自己找對象！」

那就很危險了！

也許妳目前的男友是家中的長男，而使妳無法下定決心結婚。但是下一次遇到的對象，也無法保證會是次男、三男，很可能又是長男也說不定。

第一次的戀愛因家庭因素而無法結合，使妳在下意識中，對於繼承家業產生了反感，結果會使妳一再地錯失良緣。

妳要了解到，妳的婚姻並非繼承家業的道具，不要因而蹉跎了婚期，請妳大膽地作決定。

183、不要因為小孩而成為妳再婚的絆腳石

妳不要因為已經有了小孩，就決定不再婚。

如果妳的孩子是女兒，通常決定再婚時，不會有太大的困擾。但若是兒子，對於母親的再婚就會有意見，甚至會有強烈的反彈。

雖然如此，也不要使孩子成為妳再婚的絆腳石，兒子會產生反彈的情緒，是因為比較依賴妳所造成的。小孩過了十八歲以後，就會漸漸地獨立。為了激發其自立心，妳必須作再婚的決定。

妳應該有切身的了解，通常小孩不會考慮到父母親，所以妳應該為自己多作打算。不要為了小孩而有不再婚的想法，這對孩子來說，也會造成他們很大的負擔。妳只要考慮到妳本身的幸福，而決定再婚與否。

184、如果妳是歷盡風霜的女性

歷盡風霜的女性要論及婚嫁，真是難如登天。也許妳會不以為然，

＊為了再婚而考慮把小孩送到孤兒院

有一位女性為了再婚，而考慮把小孩送到孤兒院，但是似乎遭到某些人士的反對，而前找我商量。一旦她有這種念頭，親子關係也無法復原了。也許小孩放在孤兒院裡，會比自己撫育來得健康，但是她忘了親子之間最重要的東西。她實在是一個讓人同情的女人。

認為這種說法已經落伍了，而嗤之以鼻。是的，妳應該對這種想法一笑置之，如果不這麼做，那麼妳就無法結婚。

現實生活中，一般飽經風霜，從事賣春行業的女性，以及成為家中主要經濟來源的女性，在結婚時都會遭到強烈的反對，而勝負的關鍵，就在妳是否能不為所動。

在這世界上，可能妳只有一個戰友，那就是他，他喜歡的是現在的妳。如果妳無法忘卻自己的過去，而想要與一般的賢妻良母相提並論，是會招致失敗的。因此妳並不需要為了討好他，而刻意隱瞞自己的過去。他之所以會喜歡你，正因為妳出汚泥而不染。

185、身體的殘障不是結婚的阻礙

有些女性會因為自己體弱多病或身體殘障，而遲遲不敢結婚。其實真正的問題是在於她對自己缺乏信心。

「那又怎麼樣?我一點都不在意。」

然而對方會這麼說。那麼妳先結婚再說吧!船到橋頭自然直。妳現在等著去做的事，就是結婚。

問題可能是在於性生活吧！二人婚後生活的幸福與否，關鍵就在於如何處理這問題。這問題只談到此為止，還有一件事需先做說明。妳不能再和與妳一樣的身體殘障人士交往，不要再參加那些聚會或活動了，為了妳的幸福著想，妳應該這麼做。

無論妳是視障、聽障或肢障者，現在妳已經不再是殘障者了。妳是一個依照自己的意願，而決定結婚的女人。相信自己是個正常的女人，就會擁有幸福的婚姻。

186、結婚時，有時需作殘酷的決定

結婚會導致神經緊張，很多佳偶常為了一些芝麻小事而分手。其中最致命的問題，在於家族中有人有犯罪記錄。

一般認為犯罪是有遺傳性，而使家譜蒙上了污點，因此而使妳受到牽連。一般人常會因這錯誤的理由，而質疑妳是否有結婚的資格。

如果妳因此而猶疑不決，不敢跨入婚姻的門檻，那真是對妳非常不

利。不過若對方或其家族表示不介意時，妳就應該馬上結婚。

但是有一個條件，就是妳必須和犯罪者劃清界線。也許妳的心地善艮，認為犯罪者只是因為一時糊塗而犯法，但是這種同情心非常要不得。如果妳不能和他斷絕關係，那麼妳受到牽連的可能性就很多了。有時候，並非犯罪者本人，而是他朋友所帶給妳的危險呢！

因此在結婚時，妳需要做個狠心的決定。

187、相信他

也許，妳過去曾有過前科，而擔心會影響其美好前程，因而想要悄然離去，如果妳這麼做，可能會後悔莫及，反而斷送了對方的前程。

他不顧自己的將來，而選擇與妳共同生活，不論妳的過去是多麼不堪，他仍是這麼喜歡妳、愛妳。沒有妳的生活，他的人生就變得毫無意義。要不然為什麼在群芳之中，他獨獨選中了妳呢?而且妳也離不開他。

這麼一來，結婚的決定會是正確的選擇。

如果妳希望彼此在一起的生活更幸福——那麼可以和親友們一起分享喜悅，尤其是有了小孩以後的喜悅，更能促進你們之間的關係。

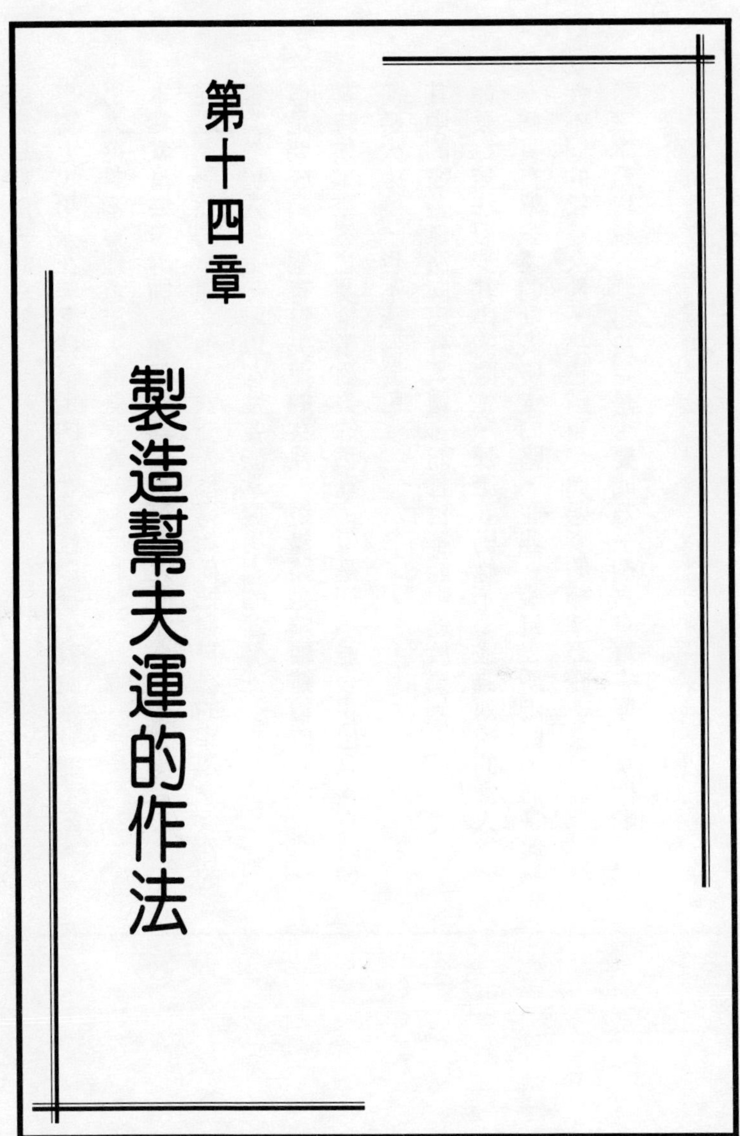

第十四章　製造幫夫運的作法

確實是有幫夫的女性。

事實上，男人在與某些特定的女性交往以後，就開始好運不斷。當然，男人絕對不會願意錯失這些女性。

本章就是要告訴妳，如何成為具有幫夫運的女人。

要成為男性的幸運女神，就要先懂得如何把握自己的幸運。女性的幸福維繫於男人身上，所以女性要能掌握男人的運勢。

但是要成為一個有幫夫運的女性，這條路是崎嶇難行的有時候，雖然想要給予溫柔的犒賞，但是卻不能表現出來。有時候，即使妒火中燒，也不能形於色。

其中的痛苦無法向局外人道，而且也不能中途放棄。

如果妳無法忍受其中的酸楚，那麼我勸妳不要成為幫夫的女人。

一個具有幫夫運的女人所走的路，並非一般良妻所走的，而是與一般女性不同的獨特女性，是超越良妻與惡妻的標準範圍。

讀完本章以後，妳再決定是否要成為一個具有幫夫運的女性吧！

188、開發男人沉睡中的能力

男人潛藏著巨大的能力，就有如女性在生產時所發揮的能力一般。男人也具有使地球運轉的能力，只是這些能力都在沉睡中。

男人的惰性非常強，除非火燒屁股了，否則是不會起身的，幾乎所有的男人終其一生，都未發揮其潛力。

妳的工作就是如何叫醒沉睡中的巨人。作法非常簡單，就是婚後不能給他零用錢。

妳要他把所有的薪水交給妳，而妳不能給他午餐費。妳這作法是在明白地訴他，如果他需要零用錢必須自己去賺。

他必定會抱怨，但是請妳保持緘默，絕對不能給他錢。

這時，他會逼不得已而撐著血紅的雙眼，到處尋找兼職的機會，最初也許只賺取足夠讓他喝一杯酒的小錢。但是不久以後，他必定能找到千倍於他的薪水的兼職工作。

＊幫夫運與彼此的感情是兩碼子事

所謂的幫夫運，是指兩人結婚以後，丈夫的地位、財產是否得以步步高陞的情況。如果他為了不想離開妳而怠忽了工作，那麼妳就是一個沒有幫夫運的人。如果妳是一名惡妻，使得他不想回家而埋首於工作中，那麼妳反倒是一個有幫夫運的人。

189、不要為他做便當讓他在外用午餐

每個男人都擁有無上的潛力，但卻無法獨自開發完成，要開發其潛力，必須藉助溝通。即使他的能力平平，但是只要他具有溝通能力，就能確保其工作順利。

妳不能為他做便當，不論在任何情況下，都不能答應，即使連簡單的飯糰也不可以。

中午用餐時，要讓他與同事一起用餐，如果讓他中午在辦公室的角落吃昨晚的殘肴，實在不雅。

儘管他從事的是自由業，中午可能沒有任何應酬，但是妳也要讓他在外用餐。

因為他在外用餐時，也許會為他帶來靈感。

妳要知道，為妳的男人準備愛心便當，是使他走向沒有出息的第一步。

190、告訴他妳有幫夫運的同時他就踏出成功的第一步

「和我交往過的男人都越來越有成就，我具有不可思議的魔力，你知道嗎?所以你要好好地待我。」

妳要這麼告訴他。

男人會因妳的幫夫宣言，而走上成功之途。

有幫夫運的女人，就是指能誘導男人走向成功的女人，確實有這樣的女人存在。

有幫夫運的女性其共通點，就是她們既理性又會精打細算，而且能夠採取循序漸進的步驟，突破男性自制的外殼。然而在交往的同時，又能給予對方解放感。

這是一種催眠的作用。

「我的老婆有幫夫運。」

每一天他有如唸經一般地唸著，自然而然就會產生非常好的效果。

因此，幫夫宣言是成功的預告。

＊因女人的關係而得以出人頭地的男性

某位男性因為認識一位曾是演員的女老闆，而逐漸由舞台導演提升為製作人，而且拜這位女老闆的栽培之賜，成為一位鼎鼎大名的製作人，展露才華。但是他們之間並未發生肉體關係。

191、手編的毛衣使他遠離好運

男人的運氣是由女人所促成的，也就是由妳和其他的女性所促成的。

沒有女人緣的男人是無法成大業的，男人不論已婚或未婚，都必須建立在受女性歡迎的基礎上，才能夠有所成就。

請妳放心。會為他帶來好運的女性，不見得都會和他有肉體關係，而大都只是維持工作上的情誼而已，但是其中多少都會有感情的存在。因此妳不要做「跟得夫人」，妳要讓他在他人面前，經常維持著單身者的印象。

為了他的成功，妳必須與其他的女性做無言的協調。

192、拒絕他在十點鐘以前回家

對男人而言，家庭只是休息的地方，而非其活動的場所。

雖然妳很清楚，但是實際上妳可能並不了解。

大多數的女性對於只知道工作的男人，認為他們不重視家庭，抱怨他們只是回家睡覺，把家當作旅館。

如果妳想要幫夫，就不能讓他在十點鐘以前回家，絕對不能為他開門讓他進來。

他越早回家越可能讓競爭的對手搶走生意，即使是耗在酒吧也無妨，就是不能讓他回家。

閒蕩與工作的轉移是難以劃分的，一旦二者結合時，就能夠一躍而上。

如果在家裡妳經常要他做這個做那個，就喪失了幫夫的資格，幫夫的女性要具有強韌的精神。

193、他一回來時要趕快關掉電視

他一回到家時，妳要馬上關掉電視。

如果妳能這麼做，就是個有幫夫運的女人，而其理由如下：

①妳會讓他覺得，妳非常重視和他相處的時間，傾聽他所說的話，而且每天都在期待其歸來。

②電視會消磨男人的心志。各種節目、新聞、氣象預報，都會使他無法專注在工作上，只會使他成為一個無能的人。成功的男人是不看電視的。

然而關電視的時機非常微妙。最正統的有幫夫運的女人的作法，就是當他進入房間時，就關掉電視。

194、對他的工作不給予任何意見

「請轉告妳的先生，本月中旬我有份工作請他做。」

「怎麼辦?他現在正在忙××公司的工作呢!不過我會轉告他的。」

如果妳這麼回答，就不能成為幫夫的女人了。

他在工作方面的事宜，妳只需要傾聽，絕對不能有任何意見，甚至也不能幫忙，妳默默的傾聽，就是唯一幫助他的工作的方法。

接到其工作上的電話，是要妳轉告他去承接新的工作，雖然他再怎麼忙，妳的回答應該是：

「好，我會轉告他。」

妳只要這麼回答就可以了，其他的話都是不必要的，否則會帶來很大的困擾。

雖然只是這麼簡單的應對，但是很多女性卻做不到。常會基於愛護他的心理，而不自覺地說溜了嘴。有時候要克制自己對他的愛情，這對妳而言，還真是很苛刻的要求呢？

195、對於先生的異常決定要給予支持

「我要辭去市政府的工作，希望能夠成為一個專業的陶藝家。」

「甚麼？……你的陶藝只是的興趣而已。請你為家人想一想，還是專注在你的本行吧！」

「我的本行就是陶藝。」

「但是你只不過得過幾個小獎，不是嗎？」

男人的決斷力是非常遲鈍的。

＊女性尤其不能把工作與興趣分開

目前在世界上成功的女性，大都一開始是抱著玩玩的心態來從事其工作。即使現在工作是為了賺錢，但是其真正的想法是為了興趣，因此願意把所有的時間，精力花在工作上。女性在社會上所受的約束較男性來得小，因此妳務必為自己創造一次機會。

但是只有當他有了一個非常想要達成的目的時，他才敢貿然作決定。

一旦他作了決定，妳不能提出反對或澆他冷水。

這就和妳決定結婚時相同的情況，男人唯有發現機會的存在時，才會修正他的看法與生活方式。

當然，他也很了解妳的想法，知道妳很惶恐，而想要質問他：「收入減少了怎麼辦？家人要怎麼生活？」

但是，這是他經過考慮以後所作的決定，所以一定會成功的。

他是否能邁向成功，或是成為終日守著電視而終其一生的人，其主要的關鍵就掌握在妳的手中。

196、他調職時的選擇

舉出一個先生調職的例子，提供妳作為參考。

他是入贅的女婿，和岳父、岳母與妻小住在一起。當時他獲得高升的機會，被調到總公司去。

他住在名古屋，如果調到總公司，就要搬到東京去。原本他想要帶著妻子和三個小孩前去赴任，但是妻子的雙親極力反對。

於是妻子哭著懇求他，認為到東京搭新幹線，只需要二個小時，那麼應該可以通勤。因此他就每天往返於東京和名古屋之間，但是實際上，工作並不是那麼輕鬆，經常為了搭最後一班新幹線，而無法加班。不曾加班卻把時間浪費在通勤上，終於不能勝任新工作。

很快地就被下放到岐阜這偏遠的地方了。這一次，他單身赴任，並另築愛巢，連名古屋的家都不回去了。

如果妳碰到這種情況，會怎麼做呢？

換言之，年老的雙親阻礙了先生的工作前途時，妳該怎麼辦呢？

不管雙親如何反對，妳都必須毅然地跟著他去赴任。工作並不在乎通勤時時間的長短，最重要的是距離工作的地方有多遠。

還有，這也會對子女造成負面的影響。因為祖父母對孫子的寵愛，因而削弱孩子的獨立心。

＊玄關是一家之口

玄關有如人的嘴巴，所以早晚都要加以清理，保持整潔，如此才能提昇運勢。佈滿雜草，鞋子、奶瓶散落滿地的玄關，是最差勁的玄關。畢竟幸運女神也想要親吻漂亮的嘴，所以務必要保持玄關的整潔。

197、年節送禮要投上司妻子所好

缺乏社交能力的女性，很難能夠成為有幫夫運的女人。有時候，妳必有善於交際的手腕。

在美國，當先生上司的妻子生日時，送花當禮物可能會有不錯的效果。但是，在日本卻會產生反效果，所以不需要這麼做。

在年節送禮選擇禮品時，應該要送能夠討上司妻子歡心的禮物。妳並不需要特別去拍馬屁，送禮以後就會接到對方的感謝電話，這與送酒給上司不同的，即上司的妻子會直接打電話向妳道謝。如此一來，妳和她有了連繫，很可能她會邀妳去她家作客，而這就是妳的目的。

這麼一來，妳就能夠從另外一個角度來判斷妳先生的上司，進而了解可以作何種程度的交往。

儘可能多與年紀大的太太交往，相信這將成為幫助先生成功的一大助力。

198、有幫夫運的女性不會外出工作

有幫夫運的女性一旦外出工作，就會喪失幫夫的資格。

妳必須靠他的收入來生活，如果妳也工作，他會覺得安心，而一直安於現狀，滿足於眼前的低收入。

也許妳會說，打工總沒問題了吧？然而這更加行不通，根據報告顯示，七個打工的人之中，會有一人有外遇，所以打工是外遇之巢。打工很消耗精神。

如果妳去打工，他下班回來時，桌上擺著的是冷飯，同時妳為了隔天的工作，滿頭髮卷，疲倦地攤在椅子上，那種景象是可以預知的。

如果妳要成為一個有幫夫運的女人，即使妳們的收入並不多，也不能顯出寒酸的樣子，妳可以大膽地採購妳喜歡的東西。不久之後，妳的收入會逐漸增加，總有一天，妳的存摺簿上的零字會逐漸增加。

＊令男人也瘋狂的魔女

某位太太工作到一半而前來我這兒，她對於我建議已婚婦女不要兼職說法深表同意。她曾在一家飲料公司擔任直銷員，雖然工作輕鬆，卻經常遭到男性的糾纏。當時我建議她辭掉工作，在此她特地前來向我道謝。婚後的女性深具魅力，令男性也為之著迷。

199、不拆穿男人的謊言

要成為具有幫夫運的女人，絕對不能夠拆穿男人的謊言。

男人和女人的謊言是不同的。女人說謊被拆穿了，也會頑強地死不承認。但是男人的謊言一旦被拆穿了，就會像受到傷害一般，突然萎縮下去。

這就是男人在社會上特別重視信用的原因。因為男性是很膽小的，所以他們一旦撒謊，通常馬上就會被識破。

不過這種不太完美的謊言，卻變成他的原動力。如果質問他：「為甚麼一直說謊？你以為我不知道嗎？」拆穿其謊言，就無法讓男人發揮實力，並使他銳氣大減，所以切勿拆穿其謊言。

如果妳認為「男人就是謊言」，這證明妳經常拆穿男人的謊言。包容男人的謊言，是成為幫夫運女人的第一步。

＊男人的謊言會變成真實

在夢中，人類可以自由自在地遨遊於空中，宇宙之間，但是話一旦說出口，即使是謊言，也會有一股想要加以實現的衝動。夢中的話可以不必負任何的責任，但是謊言在說出的同時，就必須要負完全的責任了。

作者簡介：小野十傳

一九五四年生於岩手縣盛岡市，是職業占術家綜合情報中心、穆休星座協會的主持人。又名穆休小野。排斥迷信、靈感等，重視霸道目的的追求，以及人類生態學，使用占術學。

主要使用的占術，為古典鬼谷易、先矢八字推命、奇門遁甲方位術、西洋占星術、手相、人相、家相、墓相、姓名判斷等。另外，開辦了紐約的FAX鑑定。以及「成功人生」的講座。目前，以年輕女性的戀愛諮商最多，而公司經營與受虐兒童的諮詢案件，也有增加的趨勢。主要的著作有「了解戀愛與自己的命運」（KK暢銷書）。

住址＝神奈川縣藤澤市辻堂元町五－九－十一C－一

國家圖書館出版品預行編目資料

女性婚前必修／小野十傳著；蔡媛惠譯
──初版──臺北市；大展，民86
面；　公分──（實用女性學講座；5）
譯自：女性が結婚するための200の選択
ISBN 957-557-695-0（平裝）

1. 婚姻　2. 婦女－心理方面

544.31　　86002121

First published in Japan in 1995 by Bestsellers Co., Ltd.
Chinese translation rights arranged with Bestsellers Co., Ltd.
through Japan Foreign-Rights Centre/Keio Cultural Enterprise Co., Ltd.

版權仲介：京王文化事業有限公司

女性婚前必修

ISBN 957-557-695-0

原著者／小野十傳
編譯者／蔡　媛　惠
發行人／蔡　森　明
出版者／大展出版社有限公司
社　址／台北市北投區（石牌）致遠一路二段12巷1號
電　話／(02) 8236031・8236033
傳　眞／(02) 8272069
郵政劃撥／0166955－1
登記證／局版臺業字第2171號
承印者／國順圖書印刷公司
裝　訂／嶸興裝訂有限公司
排版者／千兵企業有限公司
電　話／(02) 8812643
初　版／1997年（民86年）4月

定　價／200元